KAVIAR

KAVIAR

SUSIE BOECKMANN & NATALIE REBEIZ-NIELSEN

Alle Sorten und ihre Geschichte
Die besten Rezepte aus aller Welt

*Kaviar by Susie Boeckmann &
Natalie Rebeiz-Nielson
First published in Great Britain by
Mitchell Beazley, an imprint of the
Octopus Publishing Group Limited,
2-4 Heron Quays, London E14 4JP*

Copyright © Octopus Publishing
Group Limited 1999
Text copyright © Susie Boeckmann &
Natalie Rebeiz-Nielson 1999

*Augustus Verlag München 2000
© Weltbild Ratgeber Verlage & Co KG.
Alle Rechte vorbehalten*

Übersetzung:
Petra-Susanne Räbel

*Printed and bound in China
by Toppan Printing Co.(H.K.) Ltd.*

ISBN: 3-8043-6022-X

INHALT

Einführung 7

Kaviar im Laufe der Zeit 8

Störfang 18

Ernte in den Gewässern 20

Die verschiedenen Sorten 44

Almas 46, Beluga 48, Sewruga 50, Ossiotr 52

Vom Schiff auf den Tisch 54

Kaviarherstellung 56

Kaviar genießen 64

Einkaufen und Servieren 66 · Canapés 70
Suppen und Vorspeisen 90 · Blinis und Tortillas 100
Teiggerichte 104 · Eierspeisen 110 · Kartoffelgerichte 116
Pasta 122 · Sushi und Fisch 126 · Störgerichte 145
Mrs. Beetons Rezepte 147
Essen, Sex und Schönheit 150

Glossar 152

Rezepte- und Sachregister 158

Anmerkungen der Autoren

Wir haben keine Mühen gescheut, Informationen aus der ganzen Welt zusammenzutragen und unsere Quellen gewissenhaft zu überprüfen. Daher können wir keine Garantie für die Exaktheit aller in diesem Buch enthaltenen Angaben machen, da die Kaviarindustrie voll von widersprüchlichen Geschichten ist und ihre Mythen und Geheimnisse kultiviert.

Es wurden bewusst keine Preise genannt, da sich die Weltmarktlage durch die Zunahme der Störzucht und die Gefährdung der wilden Arten in nicht allzu ferner Zukunft vermutlich drastisch ändern wird. Aufgrund der weit verbreiteten Verarbeitungsanlagen ist es ebensowenig möglich, genaue Daten bezüglich der Fangraten der Störe oder der insgesamt verarbeiteten Kaviarmenge zu liefern. Die Anrainerstaaten des Kaspischen Meeres behandeln ihre Zahlen streng vertraulich, und über die illegale Störfischerei gibt es verständlicherweise keine Angaben.

Danksagung

Unser besonderer Dank gilt Georges Rebeiz, dem Kaviarkönig, mit dem alles begann. Dem »Caviar House« – wo man uns mit umfangreichen Hintergrundinformationen und fachmännischem Rat zur Seite stand und uns uneingeschränkten Zugang zum Archiv von den Anfängen bis heute gewährte, sowie alle unsere Fragen und Erkundigungen mit erstaunlicher Geduld beantwortete. Dem Musée Océanographique de Monaco – Madame Damiano und ihrem Team in der Bibliothek für ihre unermüdliche und einfallsreiche Suche nach allem, was seit Beginn des letzten Jahrhunderts bis heute über Störe und Kaviar geschrieben wurde. Darüber hinaus bot man uns dort ein herrliches Arbeitsumfeld! Dr. Alan Jones aus Bordeaux – zusammen mit seinem Team züchtet er mehr Jungstöre als jeder andere Fischzüchter, und seine weltweite Erfahrung ist für den Erhalt der Arten von großem Wert. Der Iranischen Staatsfischerei (SHILAT) für ihre ausdauernde Hilfe und Unterstützung. Ingrid Millet für ihren Einblick in ihre meisterhaft komponierten Schönheitsprodukte auf Kaviarbasis. Paula Bartholdy für ihre Hilfe beim Ausprobieren zahlreicher Rezepte. Professor Alwyn Wheeler, ehemaliger Mitarbeiter des British Museum (Natural History), und seiner unschätzbaren Sachkenntnis in der Welt der Wale und der Störe. Dem World Wildlife Fund. Morgens Nielsen für seinen Beitrag zu den Weinempfehlungen. Schließlich, gebührt unser Dank dem Team von Mitchell Beazley, das uns in jeder Hinsicht unterstützt hat und an Jason Lowe für seine überwältigenden Photographien. Weiteres Bildmaterial (8, 9, 11, 14, 16, 17, 32 linke Seite) wurde uns freundlicherweise von »Caviar House« zur Verfügung gestellt.

EINLEITUNG

Bereits seit Jahrhunderten ist der gesalzene Rogen des Störs hoch geschätzt und heiß begehrt. Die alten Phönizier etwa stärkten sich in Kriegszeiten und bei Hungersnöten mit Kaviar, Plinius und Ovid priesen ihn in ihren Versen, und die Russischen Zaren und Kaiser der Mandschurei sicherten sich begierig und wohlweislich ihr Privileg auf Kaviar. Selbst bis zum heutigen Tag ist Kaviar zweifellos die beliebteste Delikatesse der Welt und gewiss auch die exklusivste.

Kaviar ist eine ganz natürliche Vollwertkost. Die Fischart, von der er gewonnen wird, zeichnet sich durch eine gewaltige Bandbreite an Unterarten, ein weites Altersspektrum und unterschiedliche Lebensräume aus. Heutzutage ist Kaviar in einer verwirrenden Vielzahl an Qualitäten, Farben und Geschmacksnuancen erhältlich.

Am meisten beschäftigt einige Leute die Frage, welche Kaviarsorte denn die Beste sei. Für den professionellen Kaviarkenner klingt das wie die Frage, ob er Scholle, Lachs oder Forelle den Vorzug gäbe – die Antwort hängt nun einmal vom persönlichen Geschmack, von der Stimmung und den Umständen ab. Vielleicht hat Ihr Händler einen besseren Ossiotr als Sewruga auf Lager, oder umgekehrt. Viele schwören, der schwarze Beluga mit seinen großen Eiern sei der Beste, andere wiederum beharren, die einzig wahre Farbe für das Ei sei grau. Doch in Wirklichkeit lassen sich Qualitätsunterschiede nicht an der Farbe der Eier festmachen, denn diese ist abhängig vom jeweiligen Fisch. Beluga ist sicherlich die seltenste Sorte und daher auch die teuerste, aber nicht notwendigerweise »die Beste«. Viele Kenner loben etwa frischen Sewruga aus der Saison über alles. Die Franzosen, die viel Kaviar verspeisen, essen am liebsten Ossiotr, während die ältere Generation in Osteuropa und Russland oftmals Presskaviar bevorzugt.

In erster Linie jedoch geht es bei Kaviar um den puren Genuss. Darum sich selbst zu verwöhnen, zu schwelgen und zu entspannen mit einem der sinnlichsten, unwiderstehlichsten und köstlichsten Geschmackserlebnisse im Leben.

KAVIAR IM LAUFE DER JAHRHUNDERTE

Vor der Revolution war'n sie dem Zaren treu, fürwahr; Die todesmut'gen Kosaken, denen die Macht so teuer; Sie spielten die Balalaika und warfen Gläser ins Feuer; Sie trugen Pelzmützen, schicke Stiefel und aßen Kaviar.

lady rice

BLICK IN DIE VERGANGENHEIT

Wer Kaviar isst, isst Salz, Dung und Fliegen.
ITALIENISCHES SPRICHWORT AUS DEM 17. JAHRHUNDERT.

Störe gab es bereits in prähistorischer Zeit: An den baltischen Küsten fand man Fossilien, die belegen, dass sich ihre Gestalt seit der Kreidezeit (etwa 180 Millionen Jahre v. Chr.) eigentlich nicht verändert hat. Der Fisch ist also ein »lebendes Fossil«, mit einem überwiegend knorpelartigen Skelett und hat darum auch wenig Gräten. Das Fleisch des Störs wird seit Jahrhunderten als Nahrungsmittel geschätzt, doch erst seit dem 16. Jahrhundert gilt auch der Rogen als Delikatesse.

Etwa 2400 Jahre v. Chr. war es bei den Küstenbewohnern im Alten Ägypten und später in Phönizien üblich, sowohl den Fisch als auch den Rogen zu salzen und zu pökeln und diese als Nahrungsvorrat in Kriegszeiten, bei Hungersnöten oder bei langen Seereisen zu aufzubewahren. Auf Basisreliefs in der Nekropole in Ti, unweit der Sakkara Pyramide in Ägypten, sind Fischer zu sehen, wie sie verschiedene Fischarten fangen, ausnehmen und den Rogen entfernen. Münzen aus dem 6. Jahrhundert v. Chr. aus Karthago, dem alten phönizischen Handelshafen im heutigen Tunesien, zeigen einen Stör. Auch in der Hauptstadt des bosporanischen Reiches Pantikapaion, dem heutigen Kertsch, wurden im 4. Jahrhundert v. Chr. Kupfermünzen mit dem Abbild dieses Fisches geprägt.

GRIECHISCHE UND RÖMISCHE LOBESHYMNEN

Im 2. Jahrhundert v. Chr. lobte der griechische Rhetoriker Claudius Aelianus in der Beschreibung seiner »jüngsten Reisen« den Beluga-Stör der Donau. Er schilderte den Störfang mit besonderen an Schnüren hängenden Haken, die man an über den Fluss gespannten Seilen befestigt hatte. Aufgrund der Größe und des Gewichtes der Belugas musste man Ochsen und Pferde zu Hilfe

nehmen, um die Leinen und Netze einzuholen. Antiken Handschriften zufolge war der Fisch so heiß begehrt, dass in Athen eine einzige Amphore oder ein Krug mit Stör mehr kostete, als eine ganze Hectatomba (was 100 Schafen oder einem Stier entsprach). Zur Blütezeit des Römischen Imperiums (etwa vom 4. Jahrhundert v. Chr. an) fand der Stör bei vielen Schriftstellern und Philosophen Erwähnung. So sprach Aristoteles (384 – 322 v. Chr.) über die Köstlichkeiten des Störs. Er beschrieb ebenfalls, wie man aus der Schwimmblase des Fisches eine gelatineartige Substanz herstellte und diese als starken Klebstoff sowie zum Klären des Weines verwendete. Noch heute kennt man sie unter der Bezeichnung Fischleim. Cicero (106 – 43 v. Chr.) beklagte

Vorsichtig wird der Rogen aus dem Fischweibchen ausgelöst und durch ein Sieb aus Pferdehaaren gestrichen. Auf diese Weise wird die Membrane entfernt und die Eier voneinander getrennt.

die Wucherpreise für Stör, während der Dichter Ovid (43 v. Chr. – 17 n. Chr.) den Stör als einen Fisch mit edlem Charakter darstellte. Plinius der Ältere (23 – 79 n. Chr.) hielt fest, dass man Störe im Ganzen, geschmückt mit Blumengirlanden und unter der Begleitung von Flötenspielern und Trompetern zu den Bankettafeln hereinbrachte. Und wenn man dem griechischen Schriftsteller Atheneus Glauben schenkt, so galt Störfleisch noch im 2. Jahrhundert n. Chr. als Leibspeise bei bedeutenden Festivitäten und Banketten. Darüber hinaus stieß man in Wales auf römische Ruinen, die Hinweise auf die Störzucht selbst in diesem entlegenen Winkel des Römischen Reiches lieferten.

MITTELALTERLICHE MENÜS

Im Jahr 1240 ehrte man Batu Khan (den Enkel Dschingis Khans, ca. 1162 – 1227, der abgesehen von seinen Eroberungszügen dafür bekannt war, stets mit Fleischstücken zwischen Pferd und Satteltaschen zu reisen, um diese zarter zu machen) mit einem Festmahl in einem Kloster am Ufer der Wolga. Als Vorspeise servierte man Fischsuppe vom Sterlet, gefolgt von einem mächtigen gegrillten Stör, Aalpaté, Piroggen gefüllt mit fein gehackten Pilzen, und zum Abschluss kandierte Äpfel und Kaviar.

In der Zeit von 1236 bis 1246 eroberte Batu Khan das südliche Russland und sämtliche Gebiete am Schwarzen und Kaspischen Meer. Die Tataren errichteten Barrieren aus Baumstämmen, sogenannte Uchugis, an den Zuflüssen der Wolga. Diese Uchugis waren an der Oberseite mit Haken versehen, um die flussaufwärts ziehenden Störe zu fangen. Im Jahr 1554 vertrieb Ivan der Schreckliche (1530 – 1584) die Tataren, und von diesem Zeitpunkt an stand die Störfischerei an der Wolga und im Kaspischen Meer unter russischer Hoheitsgewalt. 1675 proklamierte Zar Alexander I. Michailowitsch (1629 – 1676) Russlands ausschließliches Handelsrecht für Kaviar, und bereits 20 Jahre später ließ Peter der Große (1672 – 1725) das erste Fischhandelsamt in Astrachan errichten.

Während des Mittelalters wanderten gewaltige Störschwärme stromaufwärts in viele große Flüsse Europas: So zogen sie die Themse in England hinauf, die Seine und Gironde in Frankreich, den Po in Italien, den Ebro und Guadalquivir in Spanien und in die oberen Abschnitte der Donau. In Deutschland war der Stör so zahlreich, dass man die Bevölkerung zum häufigen Fischverzehr in der Woche ermunterte. Andererseits gehörte der Stör noch immer zu den begehrten Speisefischen – die Könige und Landesfürsten verschiedener Länder etwa in Russland, China, Deutschland, Dänemark, Frankreich und England sicherten sich ihr Vorrecht auf Störe genauso wie auf Wale, was die Fischer dazu zwang, ihren Fang oftmals gegen eine feste Belohnung an den jeweiligen Souverän abzuliefern.

»KÖNIGLICHE FISCHE«

Heinrich II. von England (1133 – 1189) stellte den Stör unter königlichen Schutz. Später, im 14. Jahrhundert erließ Edward II. (1284 –1327) ein Edikt über die »königlichen Fische« – eine Abschrift dieses Erlasses ist noch heute in der königlichen Bibliothek in Windsor erhalten. In den seltenen Fällen, wenn heutzutage Störe in britischen Gewässern gefangen werden, hat der Monarch noch immer ein Erstrecht auf den Fisch (obwohl die Fischer ihn meist behalten dürfen, nachdem sie ihn der Königin angeboten haben).

Von Beluga-Stören heißt es, sie hätten ganze Lachse verschlungen. Auch Seevögel, Seelöwenbabys und sogar einen Pferdekopf will man im Bauch eines Beluga-Störs gefunden haben.

Im Jahr 1165 gestattete Alfonso II. von Aragon seinen Untertanen freien Fischfang im Ebro, behielt jedoch sein königliches Privileg auf den Stör. In Frankreich besagte das droit d'esturgeon, dass jeder Stör, der innerhalb eines von Seine und Rhône begrenzten Gebiets gefangen wurde, der Aristokratie und dem Hohen Klerus vorbehalten war, so wie der König es verfügt hatte. Im 17. Jahrhunderts führte der berühmte Finanzminister Jean-Baptiste Colbert (1619 – 1683) in weiser Voraussicht Sonderregelungen zum Schutz der Störbestände ein, die noch bis zum heutigen Tag Gültigkeit haben.

DAS PRIVILEG DER KOSAKEN

In Russland und Ungarn galten für Flussabschnitte, die häufig von Beluga-Stören bewandert wurden, besondere Lehensbedingungen des Zaren. Unter der kaiserlichen Schirmherrschaft, und vorausgesetzt, die Kosaken entrichteten eine beträchtliche Steuer in Form von Stören, wurde ihnen gestattet, in Dnjeper, Don und den Flüssen des Ural zweimal im Jahr vierzehn Tage lang im Frühling und im Herbst auf Störfang zu gehen. Der Fang zu Frühjahrsbeginn (bagornaja) fand unter dem Eis statt: Mit Harpunen bewaffnete Kosaken umringten einen Flussabschnitt, und nachdem man eine Kanone abgefeuert hatte, bohrte man ein Loch ins Eis und versuchte, die darunter befindlichen Störe, die von dem Lärm aufgescheucht waren, zu harpunieren. Da jeder Teil des Flusses befischt wurde, zogen die Kosaken stromabwärts bis zur Mündung. Während des Herbstfangs (plawnaja) lagerte üblicherweise die ganze Familie am Ufer, während hunderte von Kosaken allmählich ihre Treibnetze den Fluss hinabzogen und dabei die Störe einfingen.

Abgesehen von den Kosaken und ihren Familien säumten zahlreiche wohlhabende Händler aus Moskau, St. Petersburg und anderen europäischen Städten die Ufer und folgten in ihren Kutschen oder Schlitten den Fischern stromabwärts. Der frisch gefangene Stör wurde an den meist bietenden verkauft, der ihn anschließend tötete. Noch an Ort und Stelle wurde der Kaviar aufbereitet, in mit Eis gefüllte Fässer verpackt und war so fertig für den Abtransport per Ochsenkarren oder später dann per Eisenbahn. Die Kosaken behielten das Recht auf die Störfischerei auch unter Zar Nikolaus II.

Vorbereitung des Störrogens für das Pressen. Man sieht wie der Rogen in der Lake schwimmt.

(1868 – 1918), der ebenfalls die Steuer aus dem Fang einnahm, da er gerne Kaviar aß und davon überzeugt war, dass er sehr gesund sei. Die Anfänge der Russischen Revolution 1917 bereiteten dieser Tradition ein Ende.

DER HANDEL MIT KAVIAR

Seit vielen Jahrhunderten wird mit Kaviar gehandelt. Doch erst 1820 führte ein privates Kaviarhandelsunternehmen aus Moskau, die Brüder Saposchnikow, die Kaviarkühlung ein. Dies revolutionierte die Vorratshaltung und ermöglichte eine Steigerung der Produktion. Darüber hinaus konnte der Salzanteil reduziert werden, da nicht mehr so viel davon zur Konservierung benötigt wurde. Die heute allgemein bekannten Kaviardosen kamen erstmals gegen 1918 bis 1922 in Gebrauch, obwohl erste Dosen bereits 1875 in den Vereinigten Staaten patentiert worden waren.

Auf der ganzen Welt gibt es alteingesessene Unternehmen, die Kaviar aus Russland und aus dem Iran importieren. Einige von ihnen können auf eine wechselvolle Geschichte zurückblicken, denn häufig wurden die Geschäftsbeziehungen über alle traditionellen Handelsgrenzen hinweg und trotz Krieg, wirtschaftlicher und politischer Umstände aufrechterhalten. Die bekanntesten unter ihnen wurden entweder um die letzte Jahrhundertwende oder kurz nach der Russischen Revolution 1917 gegründet. Eine stattliche Zahl von Importeuren und Gastwirten ließen sich damals in Paris nieder. Französisch war ihre Zweitsprache und so stellte sich die französische Hauptstadt für viele russische Emigranten auf ihrer Flucht vor der Revolution gewissermaßen als natürlicher Zufluchtsort dar. Manche Unternehmen, wie Caviar Kaspia, existieren noch heute und florieren in Paris und London. Die Familie Petrossiani dagegen konzentrierte sich auf London und New York. Daneben gibt es zahlreiche andere traditionsreiche Firmen in Deutschland und New York.

»Caviar House« wurde 1950 von Georges Rebeiz gegründet. Er erwarb unschätzbares Wissen über den Kaviarhandel von dem legendären Kaviarfabrikanten Oisanow – allgemein als Mr. Caspian Sea (Mr. Kaspisches Meer) bekannt. Das Unternehmen mit seinen Filialen wird heute von seinen Kindern in Genf, London und Kopenhagen geleitet.

Nächste Seite: Große Fässer wie diese verwendete man zur Aufbewahrung des Kaviars, der vor dem Transport gepresst wurde.

STÖRFANG

Ein Mensch, der Kaviar aus einer Laune heraus isst, ist einfältiger, als ein Mensch der aus Prinzip Weintraubenkerne isst.

g.k. chesterton

ERNTE IN DEN GEWÄSSERN

Seit Generationen spielen Kinder am Kaspischen Meer mit Kleinstören. Im Aquarium werden die Fische recht zahm und schwimmen heran, um sich streicheln zu lassen.

Die verschiedenen Störarten dieser Welt leben in Meeren und Flüssen der gesamten Nordhalbkugel (siehe Seite 34). Einige davon kreuzen sich untereinander, was eine genaue Identifizierung erheblich erschwert, so dass selbst Experten sich nicht immer einig sind.

Für Kaviarkenner jedoch sind die wichtigsten Arten der Hausen (Beluga), der Russische Stör (Ossiotr) und der Sternhausen (Sewruga), die allesamt im Schwarzen, im Asowschen und im Kaspischen Meer vorkommen. Der Kaviar von Stören aus dem Kaspischen Meer verdankt seinen erlesenen Geschmack der dort einmaligen Kombination aus Temperatur, natürlichem Lebensraum und Wasserqualität – das macht ihn unumstritten zum besten der Welt.

DAS KASPISCHE MEER

In prähistorischer Zeit bestand eine Verbindung zwischen dem Kaspischen Meer und der Arktis. Heute ist es der größte Binnensalzsee der Welt. Die Zahlen sind in der Tat erstaunlich: das Meer bedeckt eine Fläche von etwa 400.000 Quadratkilometer, ist etwa 1,2 Kilometer lang und zwischen 200 und 560 Kilometer breit. Die langgestreckte Küste liegt zu einem Drittel unter iranischer Herrschaft, während die übrigen zwei Drittel zu Russland, Aserbaidschan, Kasachstan und Turkmenistan gehören.

Das Kaspische Meer wird von zahlreichen Flüssen gespeist, darunter auch die Wolga, die mehr als die Hälfte der gesamten Wassermenge beisteuert. Das Nordufer des Meeres ist seicht mit einer Tiefe zwischen 4 und 25 Meter. Der südliche Teil dagegen ist zwischen 250 und 900 Meter tief mit zahlreichen Unterwasserquellen. Doch trotz des zufließenden Süßwassers hat der See stets einen durchschnittlichen Salzgehalt von zehn Prozent. In den nördlichen Abschnitten beträgt die Wassertemperatur im Januar um 0 °C, in der Mitte des Meeres zwischen 5 und 10 °C und im Süden etwa 10 und 20 °C. Im Juli steigt die Wassertemperatur bis auf 20 bis 25 °C an.

Der Südteil des Kaspischen Meeres ist weit weniger stark verschmutzt als die nördlichen Abschnitte, da sich entlang der iranischen Küste kaum Schwerindustrie befindet. Ganz im Gegensatz zum Wolgadelta im Norden: Die gigantischen Industrieprojekte und Staudämme sowie Bewässerungsanlagen für die Landwirtschaft, die im Verlauf der Geschichte in dieser Region mit zum Teil verheerenden Folgen für die Umwelt erbaut wurden, führten zu Verschmutzung, verschlammten Flussbetten und nicht zu zuletzt zur Zerstörung zahlreicher traditioneller Laichgebiete des Störs.

Man sagt, Russland habe sich im 10. Jahrhundert nur deshalb zum Christentum bekehrt, weil der Zar sich zwischen der muslimischen und der christlichen Religion entscheiden musste: Da er dem Wodka sehr zugetan war und Alkohol den Moslems verboten ist, verfügte er das Bekennen Russlands zum Christentum hin.

Wie die Lachse so kehren auch viele Störarten zum Laichen aus dem Meer zu ihrem Geburtsfluss zurück. Doch im Gegensatz zu den Lachsen können Störe viele Male in ihrem Leben ablaichen (Aufzeichnungen zufolge wurden einige Störe mehr als 170 Jahre alt). Das Weibchen bevorzugt für die Eiablage seichtes Wasser und ein Flussbett mit steinigem oder kieseligem Untergrund. Sagen ihr die Laichbedingungen nicht zu, kann sie die Eier bis zu zwei oder drei Jahre lang in ihrem Körper aufbewahren.
Anders als Lachse können Störe (die überwiegend am Grunde des Meeres leben) nicht hoch genug springen, um stromaufwärts die im Nordteil des Kaspischen Meeres errichteten hohen Staudämme zu überwinden. Versuche »Leitern« bereitzustellen, die dem Fisch die Rückkehr flussaufwärts ermöglichen sollten, scheiterten.
Der Wasserstand im Kaspischen Meer schwankt sehr häufig: Nachdem er einige Jahre in Folge gefallen war, stieg er 1994 plötzlich wieder um mehrere Meter an. Die meisten Fischfabriken wurden dadurch überflutet ebenso

zahlreiche Ölanlagen, was die Verschmutzung noch verschlimmerte. 1998 führte dies zu einer um 40 Prozent niedrigeren Fangrate bei den iranischen Fischern. Der größte Umweltsünder im Kaspischen Meer ist jedoch die Ölindustrie mit ihren alten, verfallenen Anlagen und der unablässigen Erschließung neuer Ölfelder – für die Anrainerstaaten eine wirtschaftliche Lebensnotwendigkeit.

Ein weiterer, nicht zu vernachlässigender Grund für den Rückgang der Fangrate ist die Überfischung. Bis zum Beginn des 20. Jahrhunderts nahm der Fischbestand so drastisch ab, dass man bis zum Ausbruch des Ersten Weltkrieges das Befischen der russischen Gewässer einschränkte. Dies erwies sich als überaus wirksam, und die Bestände erholten sich rasch. Unglücklicherweise machten neue Fangmethoden in den 30er Jahren alle Anstrengungen wieder zunichte. Zwischen 1925 und 1930 hielt die Hochsee-

In den iranischen Fischereien entlang des Kaspischen Meeres werden die Netze seit Jahrhunderten nach der gleichen Methode sorgfältig gepflegt.

fischerei Einzug, wodurch die Gesamtlänge der Störfangnetze auf mehr als 10.000 Kilometer anwuchs. Da die Netze die meiste Zeit des Jahres über im Meer belassen wurden, versperrten sie den Fischen den Weg zu ihren traditionellen Futter- und Laichplätzen. Zudem kam es zu gewaltigen Verlusten durch verendete Fische in Netzen oder an Angeln. Noch zwischen 1902 und 1907 wurden durchschnittlich 40 Tonnen Beluga-Stör jährlich gefangen. Die letzte offizielle Fangrate aus der UdSSR von 1990 lag bei acht Tonnen pro Jahr – eine Zahl, die noch immer dramatisch sinkt.

Der Beluga-Stör ist mittlerweile ernstlich vom Aussterben bedroht, wenn nicht bald entsprechende Schutzmaßnahmen ergriffen werden. Seit 1988 blieb die Rate für Ossiotr und Sewruga mit 400 bis 450 Tonnen und 600 bis 650 Tonnen stabil. Der bis in die 40er Jahre weit verbreitete Sterlet spielt für den kommerziellen Fischfang heute dagegen kaum eine Rolle; er erweist sich jedoch für Programme zur künstlichen Vermehrung als äußerst wertvoll.

1993 wurde im Amurfluss in China ein Stör von 5,2 Meter Länge gefangen. Man sagt, er sei so groß wie ein Kleinbus gewesen.

RUSSISCHER UND IRANISCHER KAVIAR

Russland hatte den Ruf, den besten Kaviar der Welt zu produzieren. 1893 trafen Russland und Iran daher eine Vereinbarung, die den Russen den gesamten iranischen Störfang für Weiterverabeitung und Import zusicherten. Der Iran wurde gezwungen, Stör und Rogen zu regelrecht inflationären Preisen an Russland zu liefern. 60 Jahre dauerten die Verhandlungen an, die überwiegend zugunsten des »mächtigen Russlands« verliefen (sogar noch nach der Verstaatlichung der russischen Fischereianlagen 1928). Im Gegenzug half die finanzielle und technische Unterstützung den iranischen Fischereianlagen bei deren Modernisierung. Als schließlich 1952 der damalige iranische Premierminister Dr. Mohammed Mossadegh an die Macht kam, wurde der Vertrag in beiderseitigem Einvernehmen gelöst: Man sicherte sich Unabhängigkeit zu und einigte sich über Befischungsrichtlinien.

Mit dem Zerfall der UdSSR Ende der 80er Jahre verschwand allmählich auch die Überwachung der einstmals strengen Fangquoten für Störe. Der Kaviarhandel wird nicht mehr vom Staat kontrolliert, der eine Verarbeitung des Rogens in einwandfreiem Zustand gewährleistete. Heute, in der in einzelne Staaten aufgeteilten ehemaligen UdSSR kann jeder mit einem kleinen Boot auf Störfang gehen. Dies führte in großem Umfang zu Wilderei und Überfischung. Die Polizeikräfte vor Ort (im Allgemeinen schlecht bezahlt) werden oftmals mit einem Anteil am Störfang bestochen, wenn sie versuchen, den Fang der Fischer zu beschlagnahmen. Immer wieder gehen dabei auch Fische ins Netz, die noch nicht geschlechtsreif sind und demnach noch keinen Rogen haben. Selbst wenn ein erwachsenes Weibchen gefangen wird, verstreicht häufig zu viel Zeit bis zur Entnahme des Rogens. Zudem mangelt es auch an geeigneten Hygienemaßnahmen oder Fachkenntnissen bei der Kaviarverarbeitung: Der Rogen wird dann oft nicht richtig aufbereitet oder gereinigt. Solchen Kaviar zu essen ist gefährlich, denn ohne die Einhaltung entsprechender Herstellungskonditionen kann die Anzahl schädlicher Bakterien auf ein gefährliches Maß ansteigen. Zu allem Überfluss werden die Eier in Dosennachbildungen verkauft oder mit Etiketten und Beschriftungen versehen, die den offiziellen staatlichen Verpackungen zum Verwechseln ähnlich sehen.

Wer illegalen Kaviar »auf der Straße kauft«, sollte sich darüber im Klaren sein, dass er ein Lebensmittel erwirbt, das bezüglich der Herstellungsbedingungen

Der Fang wird von einem Prüfer untersucht, der das Alter und Geschlecht der Fische bestätigt. Nun tastet er den Bauch des Störweibchens ab, um die Menge des Rogens abschätzen zu können – hat der Fisch noch zu wenig Eier gebildet, wird er wieder ins Wasser zurückgeworfen.

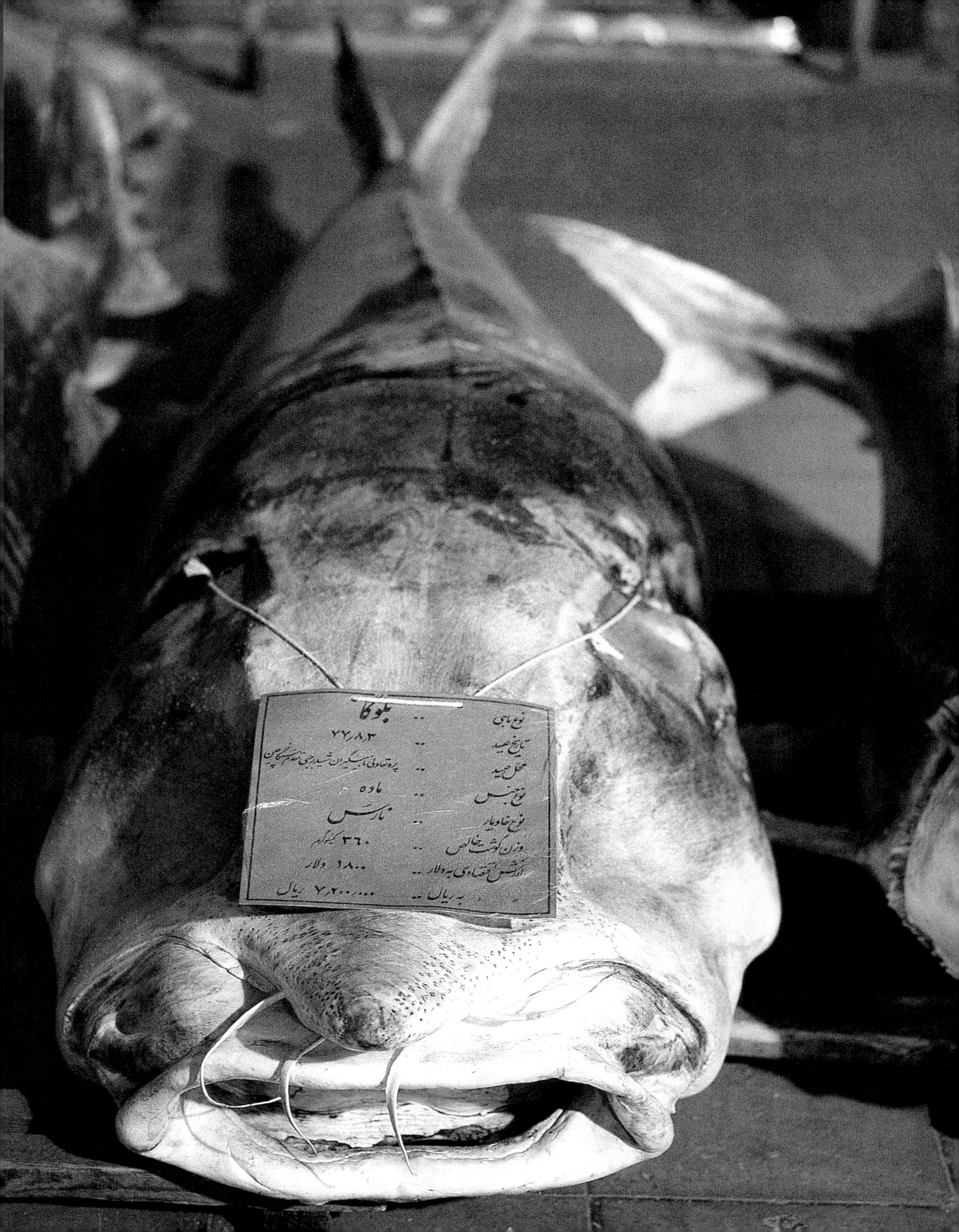

oder der richtigen Lagertemperatur viele Fragen offen lässt. Früher wiesen alle in der UdSSR produzierten Kaviardosen einen Code auf, der Angaben über die Herkunft und das Fangdatum des Fisches enthielt, sowie eine Chargennummer, mit der der Rogen eines jeden verwendeten Fisches identifiziert werden konnte. Da Kaviar inzwischen ein derart wertvolles Erzeugnis ist, mischen auch mächtige Mafiaorganisationen mit und haben in vielen Gebieten die eigentliche Kontrolle über die Fischereianlagen übernommen. Bezahlt wird bar, und viele Drogenbarone sind auf den Handel mit Kaviar umgestiegen, weil er als weniger gefährlich gilt. Nichtsdestoweniger verloren 1996 30 Menschen ihr Leben, als während der sogenannten »Kaviarkriege« die Mafia unweit von Moskau einen Wohnblock in die Luft sprengte.

In den Nachbarländern stammen heute sage und schreibe bis zu 80 Prozent des Störfangs aus ungesetzlichen Quellen. Einzige Ausnahme ist der Iran, der seine Kaviarindustrie von Grund auf umorganisierte, feste Verträge mit internationalen Abnehmern schloss und die illegale Fischerei nahezu vollständig unterbinden konnte. Daher ist der im Iran hergestellte Kaviar in der Regel hochwertiger, als der aus anderen kaspischen Anrainerstaaten, auch wenn professionelle Einkäufer, die Russland seit Jahren bereisen, immer noch wissen, wo sie Kaviar von traditioneller Qualität einkaufen können.

Dieser zwei Meter lange Beluga wurde von iranischen Fischern gefangen und bleibt der Forschung vorbehalten. Schätzungen zufolge ist er zwischen 70 und 90 Jahre alt.

SCHUTZMASSNAHMEN UND DIE ZUKUNFT

Die gravierende Abnahme der alten Störbestände macht Schritte zum Erhalt dieser uralten Art notwendig, und zwar in jeder erdenklichen Form. Bedauerlicherweise ist die ökologische, politische und wirtschaftliche Lage in den verschiedenen kaspischen Regionen häufig nicht mit Umweltschutzprogrammen in Einklang zu bringen. Kaspischen Quellen zufolge hat die Krise inzwischen ihren Höhepunkt erreicht. Wenn nicht eine vereinte Anstrengung aller betroffenen Länder und Gruppierungen zum Schutz des Störs unternommen wird – etwa eine Beschränkung der Befischung auf bestimmte Jahreszeiten und die Kontrolle der Fangmethoden (durch Vorschriften hinsichtlich der Größe der Netze und Boote) –, damit sich die Bestände von sich aus (oder auch mit Hilfe von Zuchtprogrammen und Störfarmen) wieder erholen können, dann ist diese Art in hohem Maße vom Aussterben bedroht. Einige Wissenschaftler sehen den einzig natürlichen Weg zur Regenerierung der Störpopulation darin, die Befischung des Meeres grundsätzlich zu ver-

Dieser Fischer sortiert sein Netz nach Beendigung der frühmorgendlichen Schicht, während sein Kollege (in der Mitte) bereits auf dem Nachhauseweg ist.

bieten und den Störfang nur in den Flüssen zu erlauben. Dies hätte allerdings tiefgreifende Auswirkungen auf den Lebensunterhalt der kaspischen Fischer und anderer Menschen, die in der Kaviarindustrie beschäftigt sind, und wird sich daher nur schwerlich umsetzen lassen.

Seit einigen Jahren nunmehr haben die wichtigsten Kaviarimporteure in Europa einige Kontrollrichtlinien ausgearbeitet und ein Abkommen geschmiedet, um auf diese Weise den Fisch zu schützen und seine Verarbeitung zu regulieren. Nach wissenschaftlichen Studien des WWF (World Wide Fund for Nature) gelten 24 Störarten als hochgradig gefährdet, allen voran der Beluga. Die wichtigsten Ursachen hierfür sind die genannte Überfischung und der gewaltige weltumspannende illegale Handel mit Kaviar.

Die Bundesrepublik Deutschland und die Vereinigten Staaten brachten den Vorschlag ein, den Stör in die Liste der CITES (Convention on International Trade in Endangered Species of Wild Fauna and Flora = Abkommen über den Handel mit gefährdeten Arten frei lebender Tiere und Pflanzen) aufzunehmen, und so den Handel über ein System aus Berechtigungsscheinen zu überwachen. Sowohl Europa als auch die Vereinigten Staaten stimmten dem

zu, und seit April 1998 ist jedweder Import, Export oder Reimport von Kaviar ohne die notwendige Berechtigung, sowie ohne den vorgeschriebenen tierärztlichen Kontrollnachweis und entsprechende Zollpapiere verboten. Auch Privatpersonen, die mit mehr als 250 Gramm Kaviar internationale Grenzen passieren wollen, müssen einen derartiges Zeugnis mit sich führen. Als nützlich hat sich die Einführung von DNA-Tests erwiesen, um die Authentizität des Produkts zu gewährleisten. In den Vereinigten Staaten gab es bereits einige Testfälle, in denen die Zollbehörden den Kaviar aufgrund von Unregelmäßigkeiten beschlagnahmten. Mit Hilfe des DNA-Tests ist nicht nur die Identifizierung der Störart möglich, man kann auch die Herkunft des Fisches, sein Alter, den Salzgehalt des Kaviars und andere für den Verbraucher wichtige Informationen bestimmen.

Es gibt noch weitere Hoffnungsschimmer. Das Problem der schwindenden Störbestände im Kaspischen Meer ist vielen Menschen mittlerweile bewusst. Dank moderner Technologien sind bereits große Fortschritte in der Zucht einiger Arten und deren Aussetzung in die freie Wildbahn erreicht worden. Selbst wenn Kaviar nie denselben Geschmack erhält, wenn er nicht von einem Fisch aus dem Kaspischen Meer stammt (und streng genommen darf

Die Fischer tragen die Störe zur Fischstation, wobei sie jeden einzelnen sehr vorsichtig behandeln, um Beschädigungen zu vermeiden. Bei dem abgebildeten Fisch handelt es sich um einen 12 bis 14 Jahre alten Sewruga.

er dann auch nicht als »Kaviar« deklariert werden), betreiben viele Länder inzwischen Störfarmen, da sie deren bedeutende Rolle für das Überleben dieser kostbaren Fischart erkannt haben. In den Warmwasserbrutstätten vor Ort entwickelt sich der Stör erheblich schneller als in der Natur – der Sibirische Stör und der Weiße Stör etwa erreichen bereits nach acht bis zehn Jahren Geschlechtsreife, anstatt mit 15 bis 25 Jahren.

Bis die Projekte auch in der Kaviarproduktion greifen, wird einige Zeit ins Land gehen. Aber man lernte aus den enormen Fortschritten in der Lachszucht. In Russland begann man bereits 1869 mit der Aufzucht von Stören, und zwischen 1870 und 1920 hatte man eine eigene Brutmethode entwickelt. In den Jahren 1950 bis 1990 wurden jährlich rund 100 Millionen Setzlinge in die Wolga und ins Kaspische Meer entlassen. Aufgrund der wirtschaftlichen Lage Russlands kamen jedoch alle traditionellen Brutprojekte und Aufzuchtprogramme praktisch zum Stillstand. Auch die anderen Mitglieder der Vereinigung Unabhängiger Staaten am Kaspischen Meer – Turkmenistan, Kasachstan und Aserbaidschan – setzen angeblich Schutzmaßnahmen ein, obwohl sie im Grunde über keinerlei wirtschaftliche oder politische Ressourcen verfügen. Im Iran dagegen hat man die Bedeutung einer langfristigen Bestandserholung erkannt und baut die Brutstätten systematisch aus, wobei schon hunderttausende von Jungstöre ins Meer ausgesetzt wurden. Es wird jedoch noch viele Jahre dauern, bis die Störpopulationen wieder ein gesundes

In Farmen gezüchtete Störbabys oder Jungstöre: Jedes Jahr werden etwa drei Millionen dieser Setzlinge ins Kaspische Meer entlassen, und helfen so das Überleben der Fischerfamilien, die an der Küste leben, zu sichern (Mitte).

Maß erreicht haben wird, vor allem was erwachsene, eierproduzierende Weibchen anbelangt. Zuversichtlich stimmt dagegen, dass es weltweit bereits florierende Störzuchten gibt – darunter auch in Deutschland, Ungarn, Rumänien, Italien, Frankreich, Spanien, Portugal, Israel, den Vereinigten Staaten, Chile, Argentinien und Uruguay. In Deutschland beispielsweise züchtet man verschiedene Störarten vor allem ihres Fleisches wegen, darunter auch den Beluga (Hausen). Einige Länder haben Methoden zur Rogengewinnung entwickelt, bei welchen die weiblichen Störe nicht getötet werden müssen, indem man die Eier bei einer Art Kaiserschnitt entfernt und den Fisch anschließend wieder zunäht. Angeblich soll an einem in den Vereinigten Staaten gezüchteten Bester (einer Kreuzung aus Beluga und Sterlet) innerhalb von 15 Jahren eine derartige Operation sieben Mal erfolgreich vorgenommen worden sein. Da das Verfahren sehr teuer und zeitaufwändig ist, kann es nur an einer geringen Anzahl von Fischen angewendet werden. Außerdem benötigt man vergleichbar revolutionäre Methoden, die eine praktikable Unterscheidung von jungen Männchen und Weibchen ohne Bluttests ermöglichen.

Auch das Störfleisch erfreut sich zunehmender Beliebtheit. Es ist fest und weiß, von schönem Biss und edlem frischen Geschmack. Zudem ist es reich an Proteinen, fettarm und grätenfrei. In Russland werden im Frühjahr, wenn die Fische geschmacklich ihren Höhepunkt erreichen und das Klima trocken

Zur künstlichen Befruchtung vorbereitete Störspermien.

Weltweite Verbreitungsgebiete des Störs

Registrierte Verbreitung des Störs

Art	Lat. Name	Urspr. Herkunft
Europa		
Beluga (Europäischer Hausen)	Huso huso	Schwarzes, Asowsches & Kaspisches Meer
Ossiotr (Waxdick oder Russischer Stör)	A gueldenstaedti	Schwarzes, Asowsches & Kaspisches Meer
Sewruga (Sternhausen oder Sternstör)	A stellatus	Schwarzes, Asowsches & Kaspisches Meer
Schipp (Glattdick)	A nudiventris	Kaspisches Meer & Aral See
Sterlet	A ruthenus	Europäische und Westsibirische Flüsse
Persischer Stör	A persicus	Kaspisches Meer, Ostküste des Schwarzen Meeres
Sibirischer Stör	A baeri	Sibirische Seen und Flüsse
Gemeiner oder Baltischer Stör	A sturio	Atlantikküste, Europa, Westasien
Adria-Stör	A naccarii	Adriatische Küste, Meer und dortige Flüsse

Art	Lat. Name	Urspr. Herkunft
China und Japan		
Kaluga (Sibirischer Hausen)	Huso daurius	Amurdelta
China-Stör	A sinensis	Jangtsekiang mit Einzugsgebiet und Delta
Jangtsekiang Stör	A dabryanus	Jangtsekiang mit Einzugsgebiet und Delta
Japan-Stör	A kikuchii	Jangtsekiang mit Einzugsgebiet und Delta
Vereinigte Staaten		
Weißer Stör	A transmontanus	Pazifikküste Nordamerikas
Atlantischer Stör	A oxyrhynchus	Atlantikküste Nordamerikas
Roter Stör (auch Seestör oder Felsenstör)	A fulvescens	Becken der Großen Seen
Grüner Stör	A medirostris	Pazifikküste Asiens
Weißer Schaufelstör	Scaphirhynchus albus	Mississippi mit Einzugsgebiet und Delta
Kurznasen-Stör	A brevirostrum	Atlantikküste Nordamerikas
Schaufelstör	Scaphirhynchus platorhynchus	Mississippi mit Einzugsgebiet und Delta

ist, luftgetrocknete Störfilets zubereitet. Hierfür trennt man Kopf und Flossen ab, bedeckt den Fisch mit Salz und Gewürzen und mariniert ihn 24 Stunden lang. Anschließend werden die Fische am Schwanzende zum Trocknen aufgehängt und (zur Konservierung) mit einer Salpeterschicht versehen. Nach etwa 17 bis 21 Tagen sind sie fertig zum Verzehr. Die Filets gelten als besondere Delikatesse, die man in Scheiben geschnitten serviert wie Lachs.

Berichten zufolge kauften sich britische Soldaten während des Ersten Weltkrieges von ihrem mageren Sold teure Sardienenfischbüchsen, damit sie die sogenannte »Fischmarmelade« nicht essen mussten. Damit war der Presskaviar gemeint, mit dem sie verpflegt wurden und von dem sie nicht viel hielten.

Bei trockener, gut belüfteter Lagerung halten sie sich mehrere Monate lang. Störfleisch ist vielerorts in verschiedenen Formen erhältlich: frisch, geräuchert, in Dosen oder tiefgekühlt. Die Lombardei in Norditalien ist ein gutes Beispiel: Hier werden jährlich mehrere Tonnen Stör produziert. In erstklassigen Hotels und Restaurants in Mailand findet man häufig sowohl geräucherten als auch frischen Stör auf der Speisekarte.

Die französische Störindustrie

In Frankreich ist Kaviar seit Jahrhunderten sehr begehrt: Im frühen 16. Jahrhundert schrieb François Rabelais, Autor, Satiriker und Gourmet, über die Köstlichkeiten des Störs. Auch heute verzehren die Franzosen etwa 15 Prozent der gesamten Weltproduktion. Zwischenzeitlich verfügten sie über eine eigene blühende Kaviarindustrie, wobei 1910 die Fische überwiegend in der Gironde und den Nebenflüssen der Garonne und der Dordogne gefangen wurden. Der wohlbekannte Pariser Gastronom Monsieur Prunier entdeckte, dass man die Eier nicht schätzte und häufig als Aalköder oder Dünger verwendete. Er stieß auf diesen Umstand, als er sich während der Russischen Revolution nach einer neuen Quelle für Kaviar umsah.
Prunier tat sich mit einem Russen mit dem ungewöhnlichen Namen Scott zusammen, um in die Kaviarherstellung einzusteigen. Gemeinsam trugen sie zur Finanzierung und Ausrüstung der Fischer an der Gironde bei, wo Schätzungen zufolge bis zu 100 Tonnen Stör im Jahr gefangen wurden. Das Projekt erwies sich als so erfolgreich, dass Prunier 1921 in seinen Pariser Restaurants Kaviar servieren konnte, der nur 24 Stunden zuvor entnommen

Dieser Sewruga wurde kaum zehn Minuten vor der Aufnahme gefangen. Gut erkennbar sind die Barteln unterhalb der langen Nase und die blutroten Kiemen.

und verarbeitet worden war. (Heutzutage sind Experten der Meinung, die einzigartige Verschmelzung von Salz und Rogen benötige mehrere Wochen der Reifung, um den hervorragenden Geschmack zu erzielen.) In den 40er Jahren kam die Kaviarproduktion in Frankreich unglücklicherweise zum Erliegen, und erst im Jahr 1982, als nur noch sehr wenige Störe in der Gironde zu finden waren, beschlossen französische Fischereien, ein Schutz- und Zuchtprogramm auf der Basis des Sibirischen Störs (*Acipenser baeri*, der dem Ossiotr ähnlich ist) und der einheimischen Art, dem Gemeinen Stör (*Acipenser sturio*) zu gründen. Da man in Frankreich sehr restriktiv hinsichtlich der Wahl der Störe, die zur Einkreuzung verwendet werden, ist, entschied man sich für den Sibirischen Stör, den nächsten Verwandten des *Acipenser sturio*. In anderen Ländern dagegen nimmt man es mit dem Schutz der endemischen Arten nicht ganz so genau.

Bei Bordeaux gibt es mittlerweile fünf bedeutende Störfarmen unter der wachsamen Aufsicht der CEMAGRAF (der Entsprechung der Staatlichen Fischaufsichtsbehörde), die regelmäßig Genteste durchführt, und den Bakterienanteil sowie die Lebens- und Umweltbedingungen der Fische überprüft. Die größte dieser Farmen züchtet pro Jahr 600.000 bis 700.000 Setzlinge, die in alle Welt exportiert werden, darunter auch ans Kaspische Meer. Ein wichtiger Beitrag zur Aufstockung der Störbestände, wobei man eng mit iranischen und russischen Fischfarmen kooperiert.

Im Jahr 2002 könnte die französische Störproduktion etwa 15 bis 20 Tonnen Kaviar im Jahr herstellen. Selbst wenn der Geschmack wohl nicht so delikat ist, wie der des kaspischen Kaviars, und obwohl die Störe in Süßwasser aufgezogen werden, glauben die Franzosen, dass ihr Produkt auf dem Markt als ein hochwertiges Lebensmittelerzeugnis bestehen wird. Die Eier sind schwarz und von der Größe ähnlich denen des Ossiotr. Der Rogen wird unmittelbar nach der Verarbeitung verkauft, um größtmögliche Frische zu gewährleisten. Derzeit wird französischer Kaviar über besondere Händler vertrieben, wie etwa ausgewählte Supermärkte, das Prunier Centre in Paris sowie Delikatessgroßhändler und Feinkostgeschäfte. Auch der Markt für den frischen Fisch nimmt zu, und mehrere Tonnen Störfleisch werden in verschiedener Form weiterverarbeitet – darunter ganze Fische von etwa 2,5 Kilogramm für Restaurantzulieferbetriebe, frische Rückenfilets, geräucherter Stör und verschiedene Pasteten und Brotaufstriche. Auch gebrauchsfertig gefroren oder in Dosen verpackt wird er verkauft.

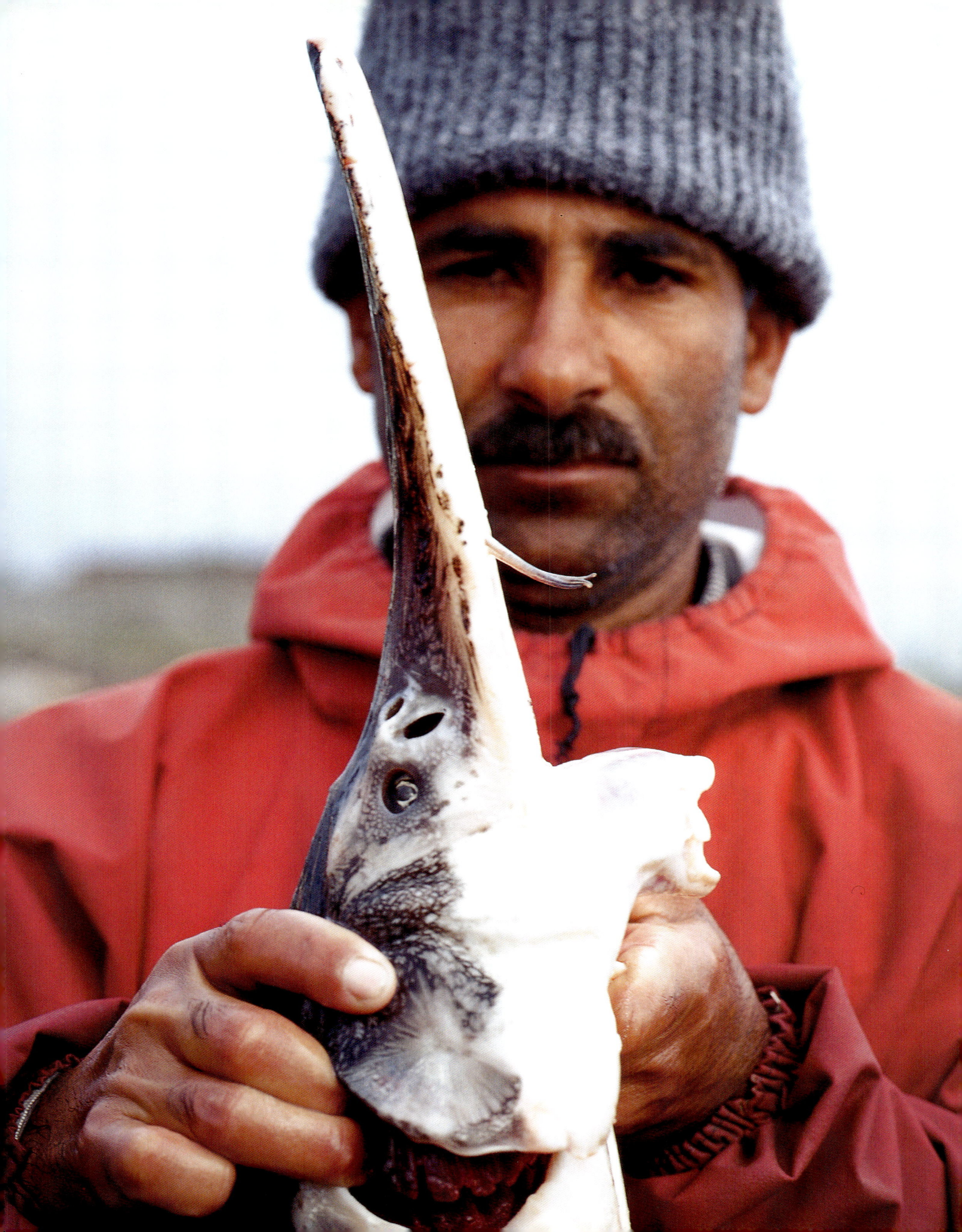

Hinaus auf den Gitche Gumee
Auf den schimmernden Großen See
Mit der Schnur seiner Angel aus Zeder
Der gezwirbelten Rinde der Zeder
Hinaus, zum Fang des Störes Nahma
des Königs der Fische, Mishe-Nahma
Voll Freude in seinem Kanu aus Birke
fuhr alleine Hiawatha

Longfellow, Das Lied von Hiawatha

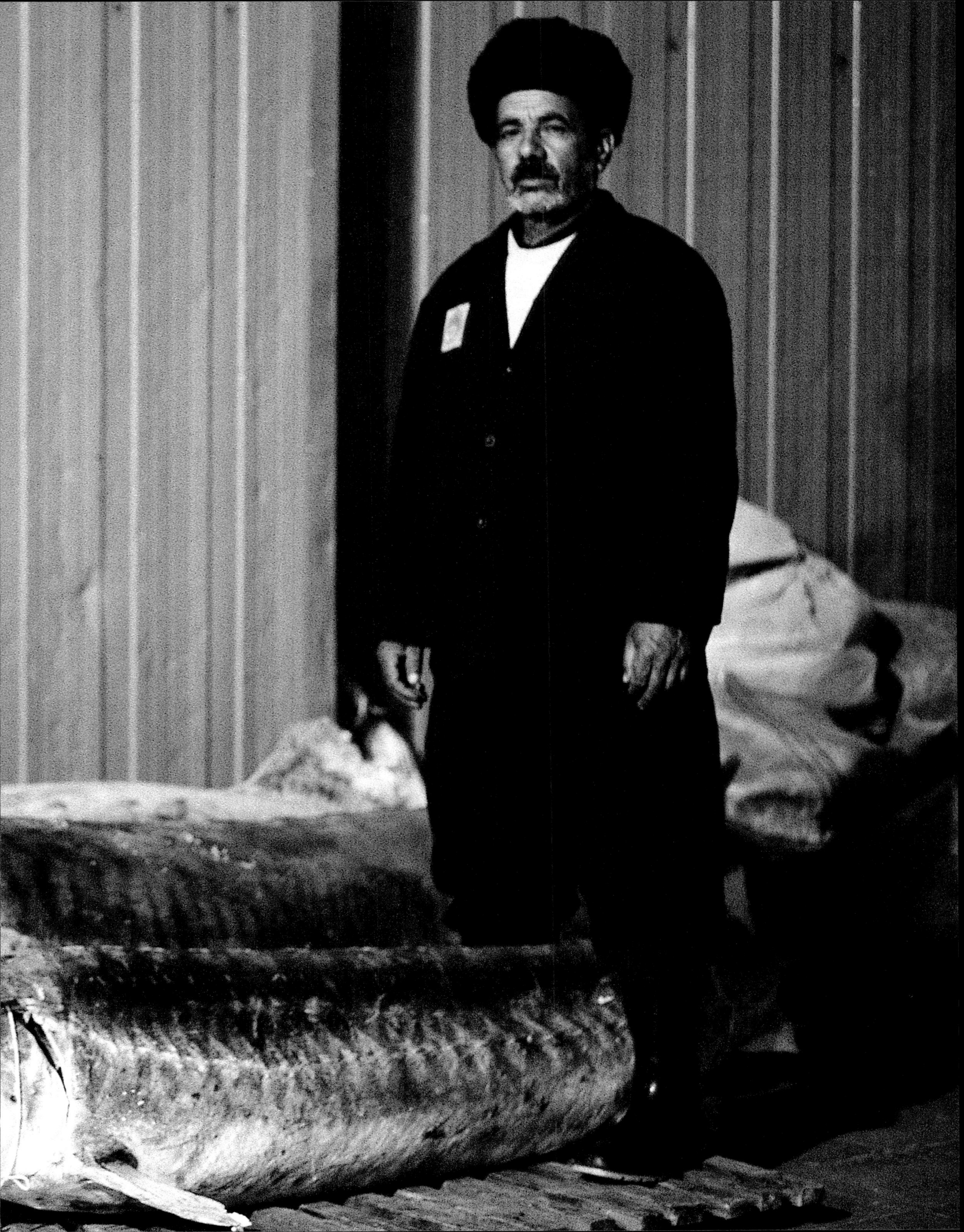

KAVIAR AUS NORDAMERIKA

Früher war der Stör in Nordamerika sehr häufig: Sein Verbreitungsgebiet erstreckte sich von Alaska, über das Gebiet der Großen Seen und über weite Teile der Vereinigten Staaten bis hinab nach Kalifornien im Westen und dem Staat New York im Osten. Sieben Hauptarten tummeln sich in amerikanischen Gewässern, darunter drei von ihnen, die auch wirtschaftlich genutzt werden. Dazu zählen der Weiße Stör (*Acipenser transmontanus*), die größte, begehrteste und geographisch gesehen am weitesten verbreitete Unterart; außerdem der Atlantische Stör (*Acipenser oxyrhynchus*), der vor allem im Osten anzutreffen ist, vom St. Lawrence-Strom bis hinunter zum Golf von Mexiko; sowie der Rote Stör (*Acipenser fulvescens*). Von einer vierten Variante, dem sogenannten Löffelstör, wird ebenfalls Rogen zum Verzehr aufbereitet, er gehört allerdings zu der Fischfamilie der Polyodontidae.

Dokumente aus dem 17. Jahrhundert belegen, dass Stör in gepökelter, geräucherter oder getrockneter Form in großen Mengen in Nordamerika verzehrt wurde. Ein beträchtlicher Teil wurde in Fässer verpackt exportiert. 1634 veröffentlichte ein gewisser William Wood ein Werk mit dem Titel New England's Prospect und schrieb: »Störe gibt es im ganzen Land, aber die besten Fänge macht man an den Sandbänken von Kap Cod und den Flüssen von Merrimack, wo man reichlich einfährt, pökelt und nach England einschifft; einige von diesen Fischen sind zwischen 12, 14, und 18 Fuß lang.« In einem anderen Bericht heißt es, es gäbe so viele Störe in manchen Flüssen, dass der Fisch eine Gefahr für Kanus und andere kleine Boote darstellt. Das aus dem Stör gewonnene Öl war zudem für Lampen besser geeignet, als das der Wale, was den Wert dieses Fisches als Rohstofflieferant noch erhöhte.

Auch Kaviar wurde in geringen Mengen hergestellt, doch erst im letzten Viertel des 19. Jahrhunderts, als zahlreiche Fischereianlagen an allen wichtigen Flüssen entstanden, nahm seine Popularität zu. Nordamerika wurde von einem regelrechten Kaviarboom erfasst. Angeblich reichte man Kaviar in den Jahren vor der Prohibition sogar gratis in den Bars, da er seiner Salzigkeit wegen zu verstärktem Alkoholkonsum anregte. Allein im Gebiet des Delaware Flusses erreichte die Kaviarproduktion zu ihren Hochzeiten 670 Tonnen jährlich. Als die Störbestände im Delaware 1897 dramatisch sanken, trieb dies die Fangrate am Fraser River in Vancouver in die Höhe. Die Rekordproduktion belief sich dort auf stattliche 516 Tonnen in einem Jahr.

Seit Ende des 19. Jahrhunderts entwickelte sich der Export von Kaviar nach Europa zu einem höchst lukrativen Geschäft. 1895 übertraf die von Nord-

Diese Sewrugas und der Ossiotr (oben im Bild) werden zur Reinigung mit Wasser abgespritzt und mit einer harten Bürste abgeschrubbt.

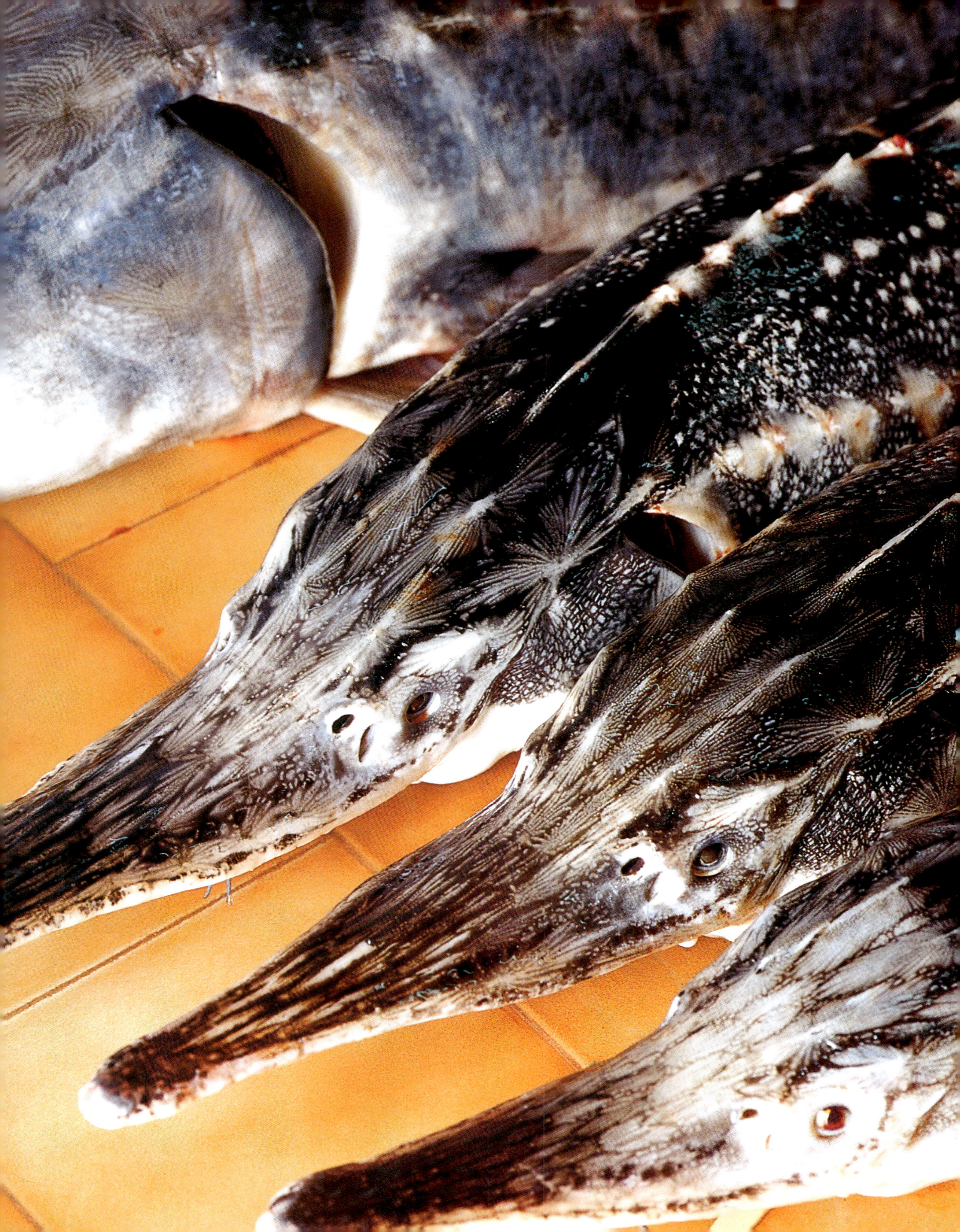

amerika nach Deutschland gelieferte Menge sogar die russische Gesamtproduktion. Unglücklicherweise waren die Eier kleiner, sehr salzig, hatten weniger Geschmack und hielten sich nicht gut, da die Pasteurisierung in Nordamerika und Kanada zu dieser Zeit noch in den Kinderschuhen steckte. Ein großer Teil des nordamerikanischen Kaviars wurde in Europa in russisch anmutende Dosen umgepackt und als »Astrachanischer Kaviar« etikettiert. Dies stieß im echten Astrachan, das traditionell als das Land mit der qualitativ besten Kaviarproduktion galt, begreiflicherweise auf Empörung.

Heute wird der Störfang in den meisten Staaten von Amerika durch strenge Gesetze kontrolliert. Zusätzlichen Schutz schafft die Regelung, dass zwar der Fang einiger Arten legal ist, die Weiterverarbeitung und der Verkauf des Rogens jedoch verboten. Zahlreiche natürliche Laichgebiete und die Zugänge dorthin sind durch Industrialisierung zerstört worden. Dennoch konnte man durch Aquakultur, die Einführung strenger Quoten sowohl für Freizeitangler als auch für den gewerblichen Fischfang, sowie dank der natürlichen Erholung der Bestände große Fortschritte erzielen. Sowohl an der Atlantikküste als auch am Pazifik steigen die Populationen allmählich wieder, vor allem was den Weißen Stör anbelangt. Wisconsin ist nur einer der Staaten der USA, der sich aktiv bemüht, die Bestände an einheimischen Roten Stören aufzustocken. Nur dem Menimee-Indianerstamm ist es seit 1994 gesetzlich gestattet, Störe zu fangen und anlässlich ihres Frühlingsfestes zu schlachten. Entsprechend einer alten Tradition feiern sie damit das Ende der langen Wintermonate, in denen proteinreiche Nahrung knapp ist. Man glaubte, dass durch die Rückkehr der vorüberziehenden Fische die Stammesangehörigen verjüngt würden. Kalifornien verfügt derzeit über mehrere Störfarmen, wobei die größte unter ihnen im Jahr 2003 schätzungsweise 10 Tonnen Kaviar vom Weißen Stör produzieren wird. Der Staat exportiert zudem Setzlinge nach Italien, für dortige Zuchtprogramme. Allerdings treten bei den Eiern Geschmacksschwankungen auf, und bis jetzt kann er sich in Punkto Qualität nicht mit sorgfältig hergestelltem Kaspischen Kaviar messen. Michigan, Missouri und South Carolina sind weitere Staaten, die Zuchtprogramme zur Wiederaufstockung der Störpopulation in Nordamerika betreiben.

Ein frisch gefangener Stör wird so schnell und vorsichtig wie möglich zur am Ufer befindlichen Fischfabrik gebracht.

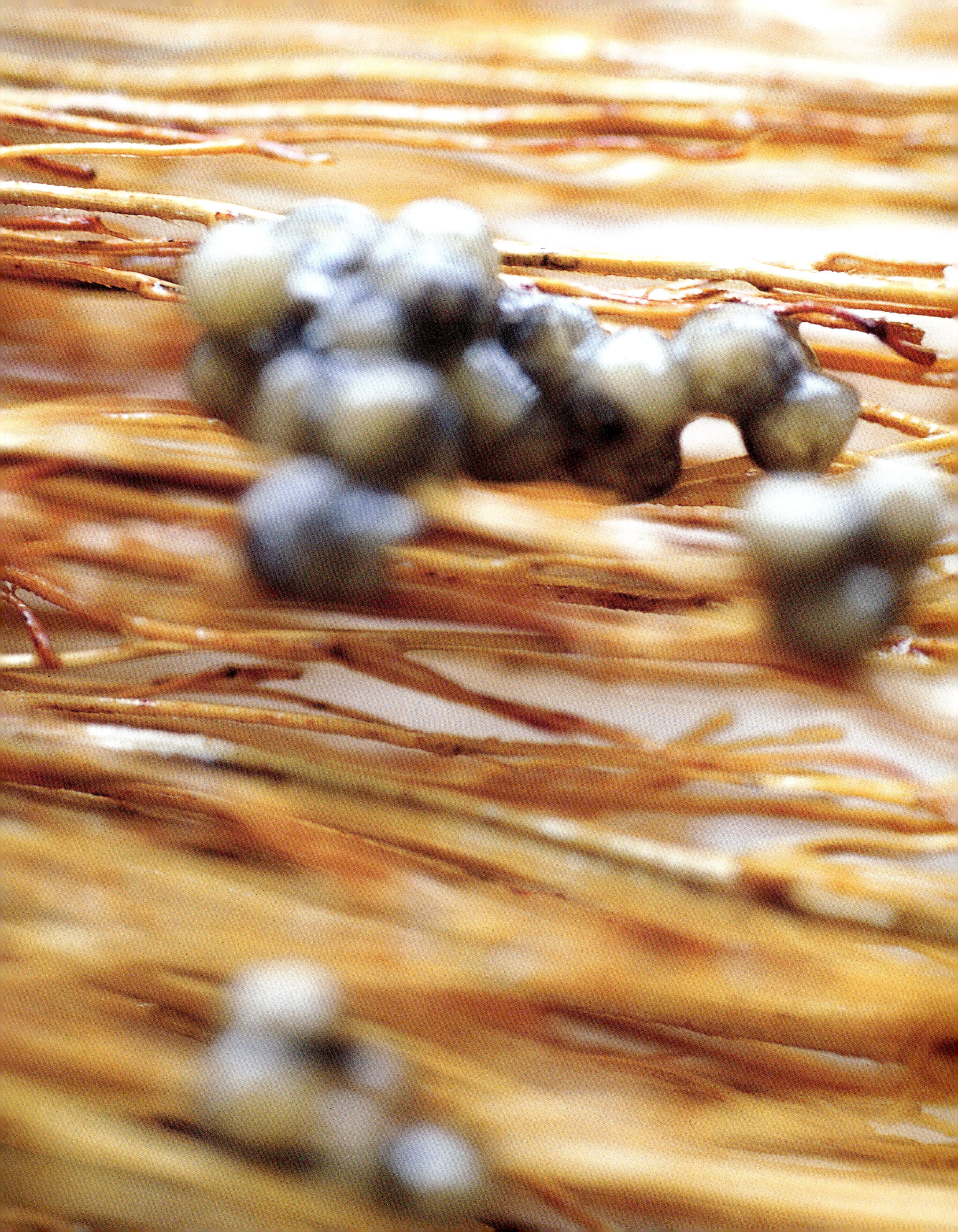

DIE VER-SCHIEDENEN SORTEN

Der größte russische Beluga-Stör, über den es Aufzeichnungen gibt, hatte die Länge von elf Schulter an Schulter stehenden Männern und wurde 1908 in Astrachan gefangen. Er enthielt 450 Kilogramm Rogen.

ALMAS
Goldener Kaviar

Weißer Kaviar ist nichts für Normalsterbliche – sehr schwer zu bekommen und daher eine echte Seltenheit.
anton mosimann

»Goldener Kaviar« war früher den Kaisern der Mandschurei, den Russischen Zaren und auch dem Vatikan vorbehalten. Im Iran hatte nur der Schah ein Anrecht darauf, und wen man beim Versuch, Almas zu verkaufen oder zu essen ertappte, dem hackte man die rechte Hand ab.

»Goldener Kaviar« ist Luxus pur, der leider auch nicht ganz billig ist.

Unter Kaviarexperten kursieren verschiedene Theorien darüber, was »goldener Kaviar« eigentlich ist. In der Regel handelt es sich entweder um den Rogen eines Albinostörs oder den eines über 60 Jahre alten Ossiotr-Störs (von letzterem weiß man, dass seine Eier eine hellgoldene Farbe annehmen können). Einige Importeure stufen dieses Produkt als »Almas«-Kaviar ein. In jedem Fall ist er ausgesprochen selten und nur über eine lange Warteliste zu beziehen, obwohl der Preis mehrere 1000 Dollar pro Kilogramm beträgt. Almas wird zusammen mit einem goldenen Löffel in goldenen Dosen zu 50 oder 250 Gramm verpackt und wird in einem speziell lackierten hölzernen Behälter verwahrt, der einen ausgewogenen Feuchtigkeitsgehalt gewährleistet. In einigen älteren Beluga- oder Ossiotr-Stören findet man zudem eine Tasche blasser Eier hinter den Kiemen des Fisches, die ebenso hoch geschätzt werden.

Der Geschmack der Albinoeier ist unglaublich leicht und köstlich, während das Aroma der blassen Ossiotreier von einem ausgewachsenen Fisch wundervoll zart und cremig ist. Der Kaviar schlechthin für die Verführungsszene eines Liebhabers.

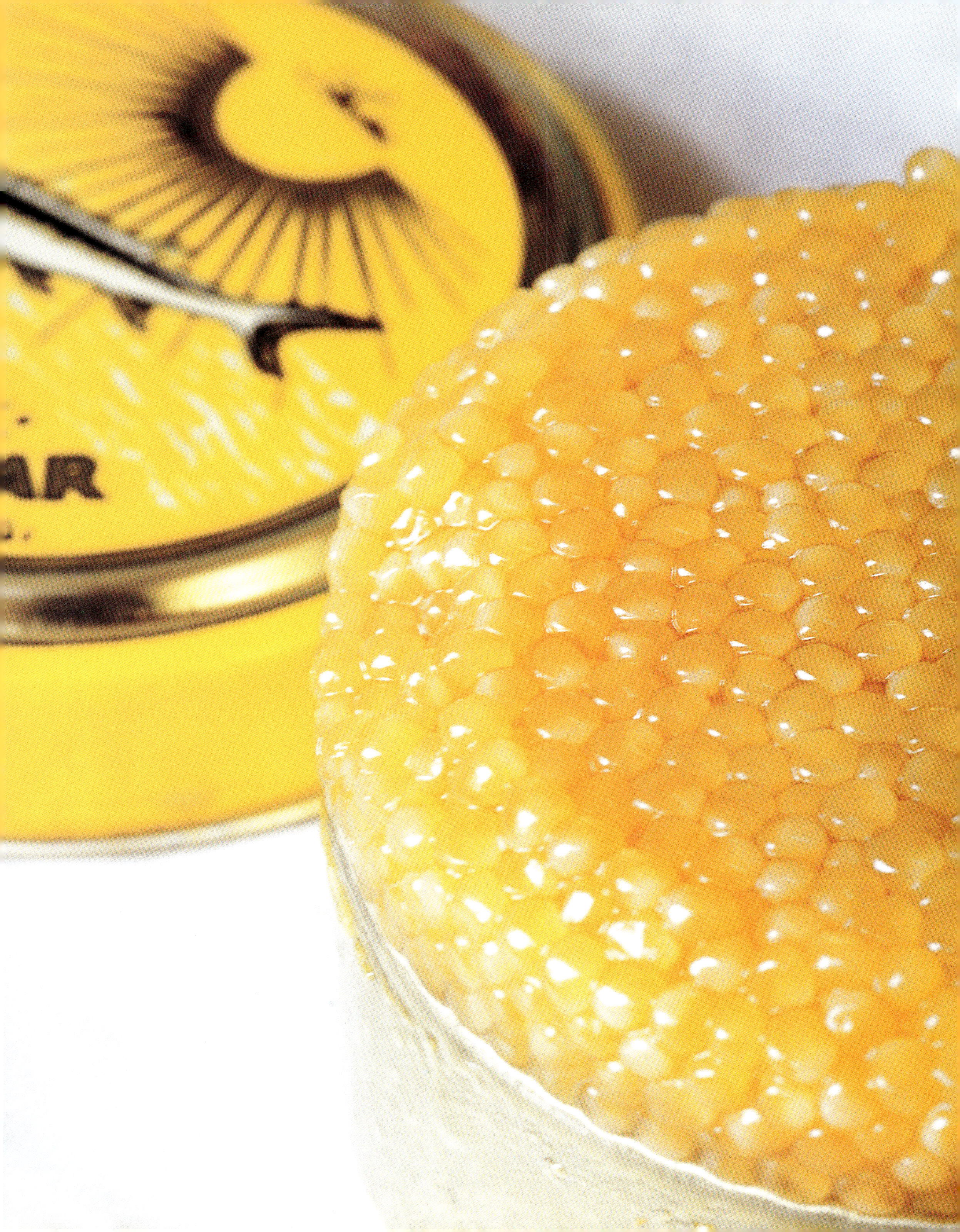

BELUGA
Europäischer Hausen – huso huso

Kaspische Fischer träumen davon, einmal einen großen Beluga zu fangen, doch das kommt dem Finden eines Diamanten in der Wüste gleich.

Der Beluga (Europäischer Hausen) ist der größte aller Störe (er wird bis zu 6 Meter lang) und der einzige Raubfisch. Mittlerweile ist er so selten geworden, dass nur maximal 100 Exemplare pro Jahr in kaspischen Gewässern gefangen werden. Man weiß von Belugas mit mehr als 600 Kilogramm Gewicht, doch aufgrund der aggressiven modernen Fangmethoden sind derartige Größen leider äußerst selten geworden. Zu Beginn des 20. Jahrhunderts machte der Beluga noch 40 Prozent des gesamten Kaviarfangs aus – heute kommt er kaum noch auf ein Prozent.

Am begehrtesten ist das Korn von hellstem Grau, auch wenn die Farbe keinerlei Einfluss auf den Geschmack hat. Kenner bescheinigen diesem Rogen das »zarte Aroma des Meeres«. In jüngster Zeit hat sich der Preis für Beluga-Kaviar innerhalb weniger Monate verdoppelt.

Der Beluga ist von silbergrauer Farbe. Im Alter verliert er als einzige Störart seine knochigen Schuppen entlang der Längsseite. Er hat einen großen, kurzen Kopf mit einer spitzen Schnauze und einem breiten Maul – bei ausgewachsenen Fischen kann es bis zu 25 Zentimeter breit sein. An der Unterseite befinden sich zwei Paar Barteln, die wie bei allen Störarten zum Aufstöbern ihrer Nahrung dienen. Die Eier können bis zu 25 Prozent des Körpergewichts erreichen; in alten Aufzeichnungen ist sogar von Fischen die Rede ist, bei denen sich der Gewichtsanteil des Rogens auf 50 Prozent belief. Das Weibchen erreicht die Geschlechtsreife erst mit etwa 25 Jahren.

Wie alle Störarten können auch Belugaweibchen die Eier mehr als eine Saison in sich tragen, sollten die Bedingungen oder Temperatur nicht zum Laichen geeignet sein. Aufgrund seiner enormen Größe liefert der Beluga in der Regel auch die größten Eier, die wegen ihres großen Korns und der zarten Haut geschätzt werden. Die Farbe des Rogens reicht von hellgrau bis fast schwarz.

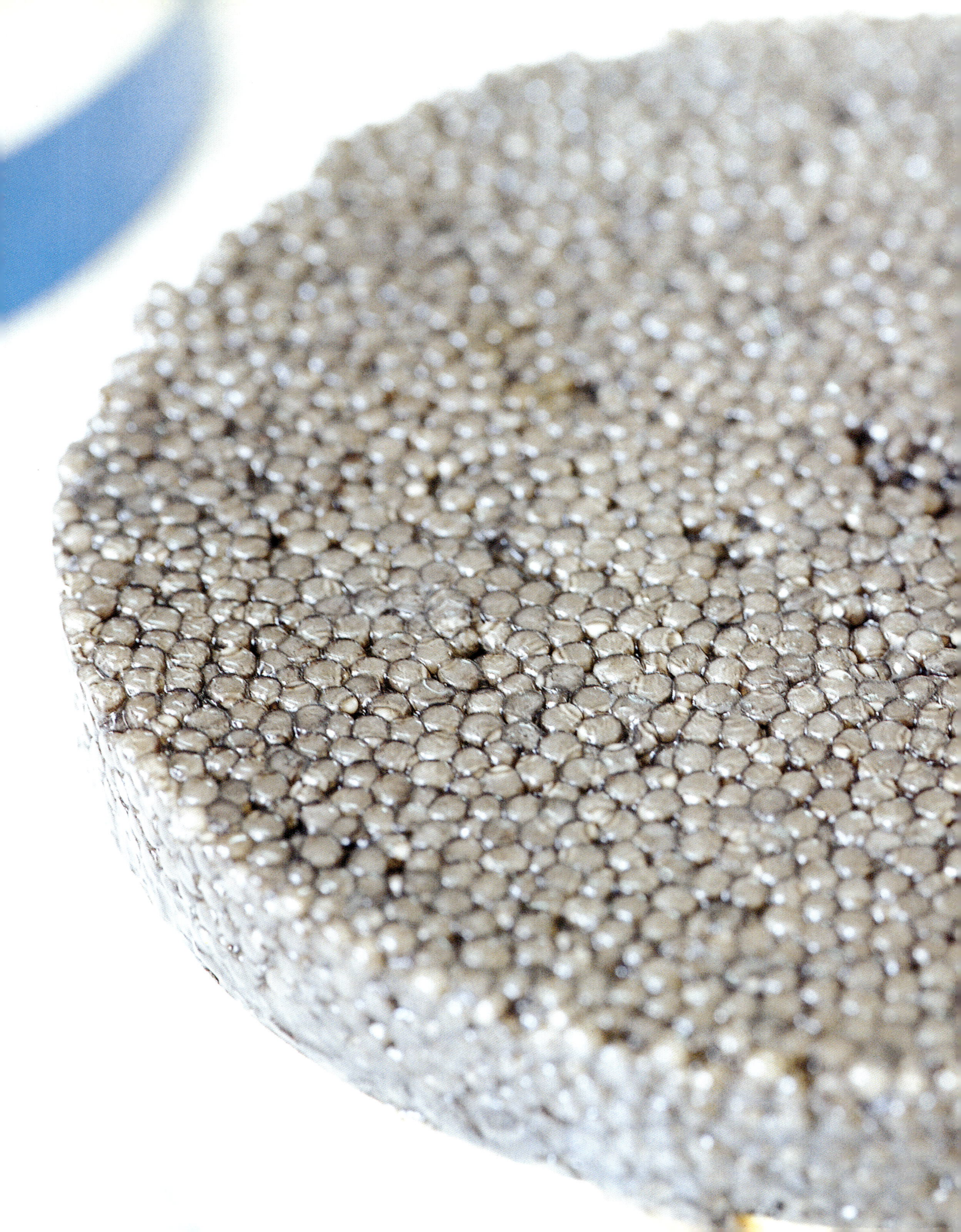

SEWRUGA
Sternhausen – acipenser stellatus

Klein, dunkel und unverwechselbar: Sewruga ist die Wahl desjenigen, der Kaviar mit vollmundigem Geschmack und Aroma bevorzugt.

Der Sewruga (auch als »Sevruga« im Handel erhältlich) ist der kleinste kommerziell gefangene Stör. Er erreicht eine Länge von höchstens 1,5 Meter und wiegt selten mehr als 25 Kilogramm. Seine lange Schnauze endet in einer abgerundeten Nasenspitze, und direkt oberhalb seines kleinen Mauls sitzen zwei Paar Barteln. Wie der Ossiotr ist der Sewruga ein Allesfresser und ernährt sich als Gründler von Algen und kleinen Krebstieren. An der Seite weist er unverkennbare knochige Schuppen auf, die Sternen ähneln. Aus diesem Grund ist er auch unter dem Namen Sternhausen oder Sternstör bekannt. Er hat ein auffallendes Rückrat und einen gesprenkelten Körper, dessen Färbung von tief schwarz-braun über zimtbraun, zu aschgrau und fast schwarz reicht. Die im Meer lebenden Sewrugas sind in der Regel dunkler als die in den Flüssen beheimateten.

Sewruga-Kaviar ist von grauschwarzer bis bräunlicher Färbung. Diese Eier sind eine wahre Delikatesse.

Das Sewrugaweibchen beginnt im Alter von 7 bis 10 Jahren mit der Eiproduktion, um einiges früher als Weibchen anderer Störarten. Von diesem Zeitpunkt an macht der Rogen etwa 10 bis 12 Prozent des Körpergewichts aus. Mit 18 bis 22 Jahren ist der Fisch »in den besten Jahren«, was sich auch auf die Eier abfärbt: Kaviar, von diesen Tieren gewonnen, schmeckt dann am besten.

Die Eier sind grauschwarz, von feinem Korn, klein und am aromatischsten von allen Störeiern. Unter Kennern werden sie wegen ihres einmaligen Geschmacks am meisten geschätzt. Wegen des größeren Vorkommens dieser Störart ist Sewruga die preiswerteste Kaviarsorte.

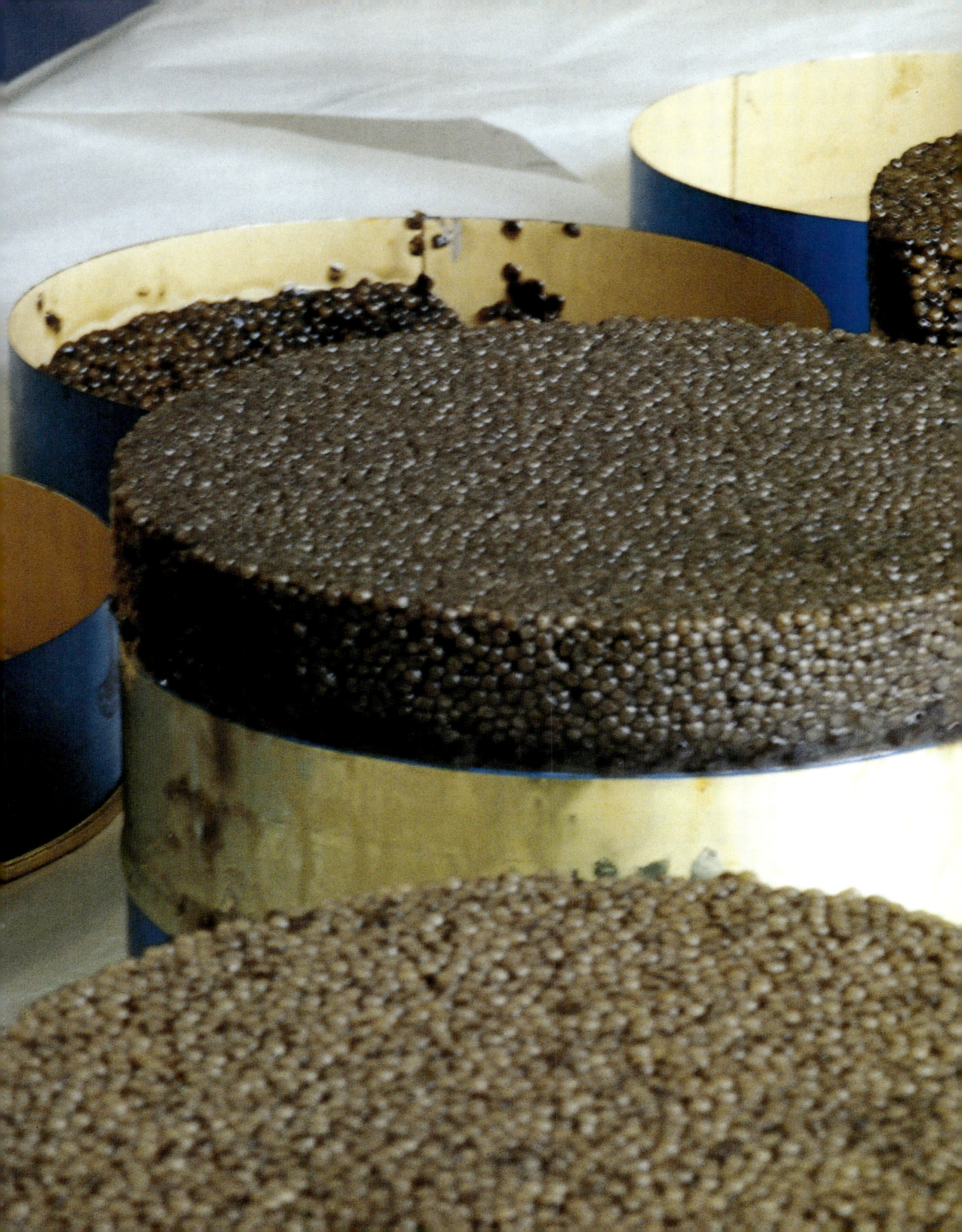

OSSIOTR

Waxdick oder Russischer Stör – acipenser gueldenstaedti

Ein überaus faszinierender Fisch, was Aroma, Größe und Farbe des Rogens anbelangt mit mehr feinen Nuancen als alle anderen Störe.

Der Ossiotr (auch als »Oscietre« im Handel bekannt) ist in mancher Hinsicht der interessanteste der Störe, da seine Eier die meisten Varianten an Größe, Aroma und Farbe aufweisen. Man sagt, der Geschmack des Rogens schwanke so sehr, weil der Ossiotr ein Gründler ist, und den Geschmack all dessen annimmt, was er frisst. Würde man gleichzeitig zehn 1,8 Kilogramm Dosen Ossiotr-Kaviar öffnen, so hätte jede einen anderen Geruch, einen anderen Geschmack und ein anderes Aussehen, selbst wenn die Fische zur gleichen Zeit gefangen und die Eier in derselben Fischanlage verarbeitet worden wären.

Mit dem Alter des Fisches nimmt der Rogen eine bernsteinfarbene Schattierung an und hat einen umwerfend zarten Geschmack, der als »Walnuss mit Sahne« beschrieben wird.

Der Ossiotr erreicht eine Länge von zwei Metern und kann bis zu 200 Kilogramm schwer werden, obwohl der durchschnittliche ausgewachsene Fisch etwa 1,5 Meter groß ist und nur 20 bis 80 Kilogramm wiegt. Er hat einen kurzen, dicken Kopf mit einer leicht spitzen Nase und einem kleinen, etwas vorstehendem Maul, das wie ein kleines Saugrohr Algen, Pflanzen, kleine Fische und Krebstierchen einsaugen kann. Entlang der Seiten hat der Fisch knochige Schuppen, deren Farbschattierungen von dunkelgrau zu braun entlang des Rückrats, bis hin zu helleren Abtönungen im Bauchbereich reichen. Auch er hat zwei Paar Barteln über dem Maul.

Ossiotr-Störe können 60 bis 80 Jahre alt werden, wobei in der Vergangenheit auch bis zu 120 Jahre alte Exemplare gefangen wurden. Zwischen 12 und 15 Jahren erreichen sie Geschlechtsreife. In Warmwasserfarmen aufgezogene Fische können bereits mit acht oder zehn Jahren geschlechtsreif sein. Der Rogen weist eine gewaltige Bandbreite an Farbnuancen von dunkelgrau bis zu dunkelbraun und goldgelb auf. Selbst bei jungen Fischen sind die Eier groß und meist von dunkler goldgelber Farbe.

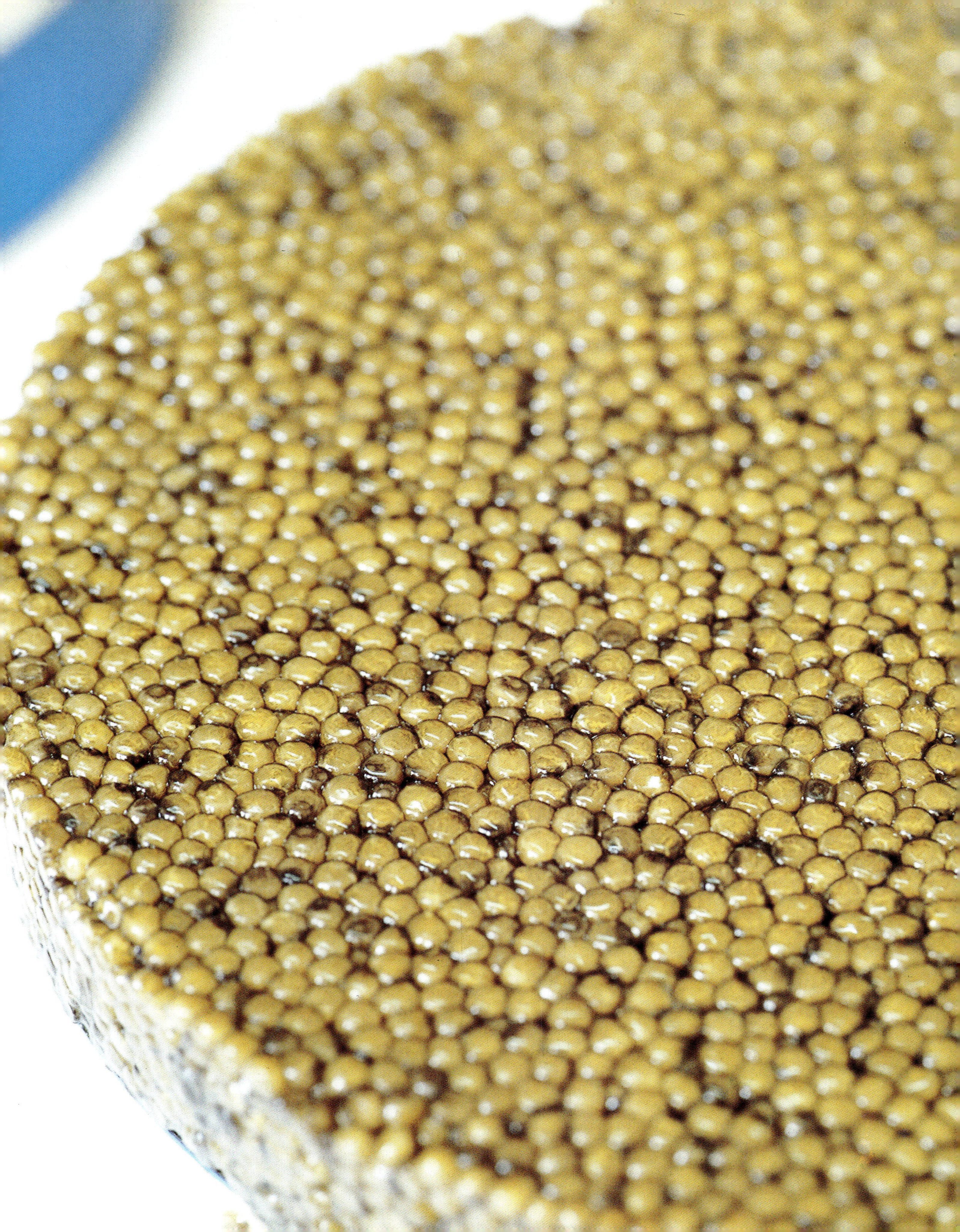

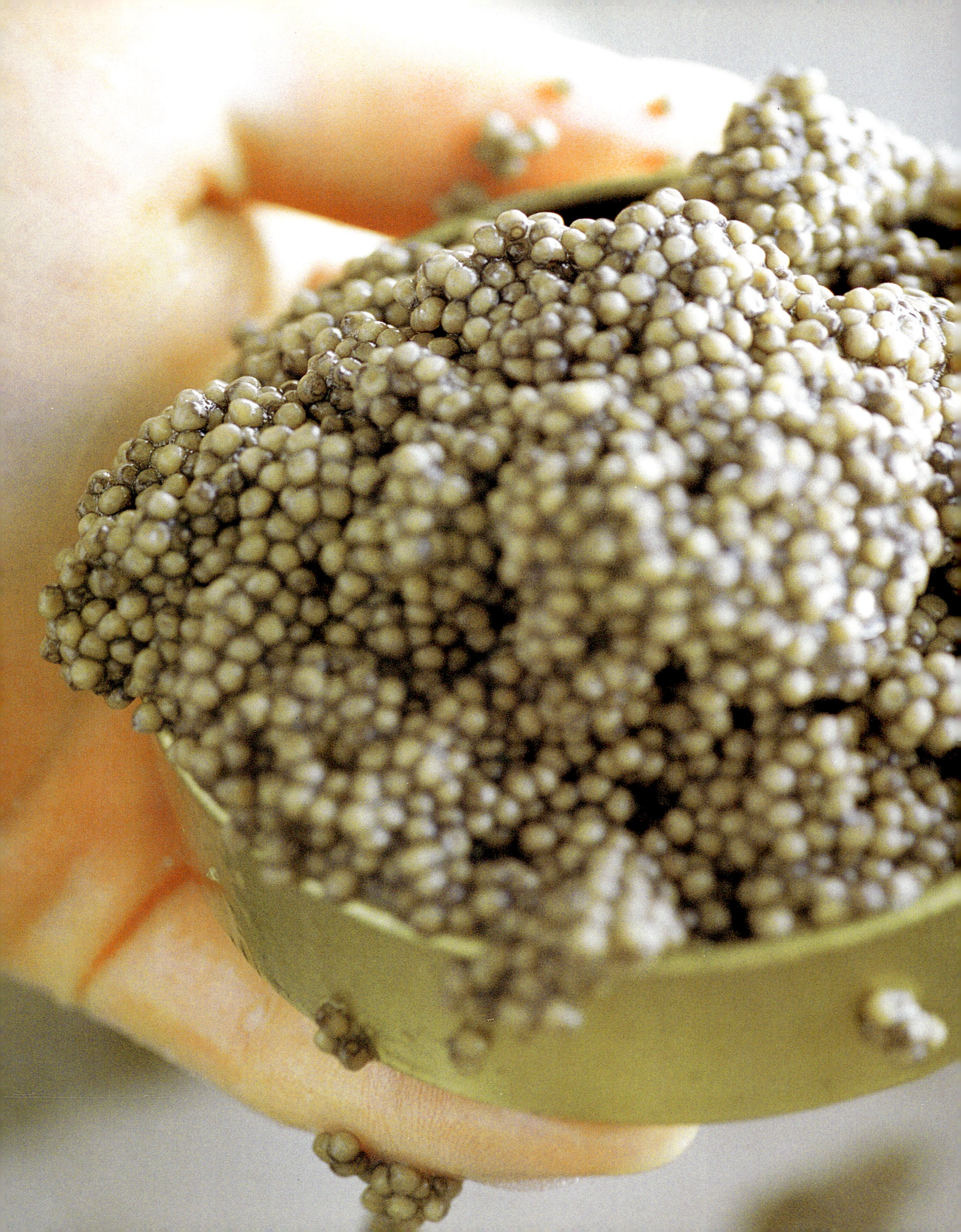

VOM SCHIFF AUF DEN TISCH

Der Fang des größten iranischen Beluga-Störs wurde 1924 festgehalten. Er war sechs Meter lang, 170 Jahre alt und enthielt 375 Kilogramm Rogen.

KAVIAR-HERSTELLUNG

Kaviar ist nicht koscher – der Stör verliert mit zunehmendem Alter seine Schuppen. Einige Juden essen den Fisch nur, solange er noch Schuppen hat, d.h. vor seiner Geschlechtsreife.

Der Störfang kann mit Stolz auf eine lange Tradition zurückblicken. Die Schlüsselrolle bei der Herstellung des Kaviars hat der Kaviarmeister, dessen Geschick für dieses köstliche und kostbare Nahrungsmittel unerlässlich ist. Auch wenn riesige schwimmende Fischfabriken das ganze Jahr über auf dem gesamten Kaspischen Meer unterwegs sind und überwiegend pasteurisierten Kaviar herstellen, blieb der größte Teil der Störfischerei seit Jahrhunderten weitgehend unverändert. Im Iran verwendet man noch heute kleine Boote, jedes mit einer Besatzung von etwa vier Fischern, die ihre Netze mit der Hand auswerfen und den Fisch mit Sorgfalt behandeln. Der Rogen muss dem Fisch entnommen werden, sobald die Boote die Fischereianlagen erreicht haben.

AUFGABEN DES KAVIARMEISTERS

Die Fangsaisonen sind Frühling und Herbst (auch wenn illegale Fischereikonzerne in anderen kaspischen Anrainerstaaten keinerlei Rücksicht auf die Schonzeiten nehmen). Wird ein Fisch gefangen, wird er sofort zu einer nahe des Ufers gelegenen Fischfabriken transportiert. Im Iran gehören und unterstehen diese alle der Shilat, der offiziellen Staatlichen Fischereibehörde. Eine derartige Behörde existiert zwar auch noch in Russland, doch hat ihr Einfluss in den letzten Jahren beträchtlich abgenommen.

In den Fischfabriken werden die Störweibchen auf große Labortische gelegt, betäubt und anschließend mit frischem Wasser gewaschen und abgebürstet. Dann schneidet man sie vom Schwanz her bis zum Kopf auf, wobei darauf

Vorige Seite: Erst nachdem der Kaviar in versiegelten Dosen verpackt ist, schwellen die Eier an und erhalten ihre vollkommene Rundung.

geachtet wird, die Eier nicht zu beschädigen, die zusammen mit der Membran entfernt werden. Auch das Rückenmark (vesiga) und die Schwimmblase werden zu diesem Zeitpunkt entnommen. Der übrige Fisch wird zur späteren Weiterverarbeitung wie Eindosen, Räuchern oder Einfrieren beiseite gelegt. Nun wird der Rogen dem Kaviarmeister übergeben, der die verschiedenen Sorten voneinander trennt, die Eier in Güteklassen entsprechend ihrer Größe, Farbe und Reife unterteilt und die jeweils zuzuführende Salzmenge bestimmt. Der Rogen wird sanft durch ein Maschensieb gerieben, das die Eier passieren lässt, die Membran jedoch zurückhält. Dann wird der Rogen gründlich mit kaltem Wasser gewaschen, um verbliebene, ungenießbare Reste zu entfernen. Der Prozess wird sooft wiederholt bis der Kaviarmeister die Eier für sauber befindet.

Anschließend füllt man den Rogen in Fässer zu Portionen von höchstens 5 bis 15 Kilogramm und bestreut die Oberfläche gleichmäßig mit reinem Salz. Dieses Verfahren bewirkt den einmaligen Geschmack des Kaviars, wobei die exakte »Zauberformel« einzig vom Urteil und der Geschicklichkeit des erfahrenen Kaviarmeisters abhängt. Er weiß instinktiv, wie viel Salz er zugeben und wie lange die Mischung verrührt werden muss, um die richtige Struktur und Konsistenz zu erzielen.

Aus der Haut des Störs kann man ein überaus feines Leder gewinnen. Es ähnelt der Haut von Reptilien – vor allem die Haut des Sewruga, mit ihrer unverkennbaren Sternzeichnung. In China stellt man daraus bunte Mäntel und Taschen her.

In der Regel gibt man im Iran 2,5 bis 3,5 Prozent Salz dazu, in Russland dagegen zwischen 3,5 und 4 Prozent. Die genaue Menge hängt von der Qualität des Rogens, seiner Reife und dem tatsächlich benötigten Salzgehalt ab. In Russland fügt man dem Salz häufig noch eine geringe Menge des Minerals Borax hinzu, da es den Kaviar etwas milder und besser haltbar macht. Geringe Beigaben an Borax sind auch in Europa zugelassen, in den Vereinigten Staaten und Japan allerdings gehört er zu den verbotenen Substanzen. Der fertige Kaviar wird in Dosen zu 1,8 Kilogramm verpackt, wobei man die Deckel aufgepresst werden, um überschüssiges Öl und Salz zu entfernen (ohne den Rogen zu beschädigen). Erst wenn die Dosen mit einem breiten Gummiband versiegelt sind, schwellen die Eier allmählich an, bis sie vollkommen rund sind. Zum Abschluss werden die Dosen gesäubert und

Nächste Seite: Der Rogen wird bereits im Fischleib sorgfältig gewaschen und dann entnommen (in diesem Fall einem Ossiotreweibchen).

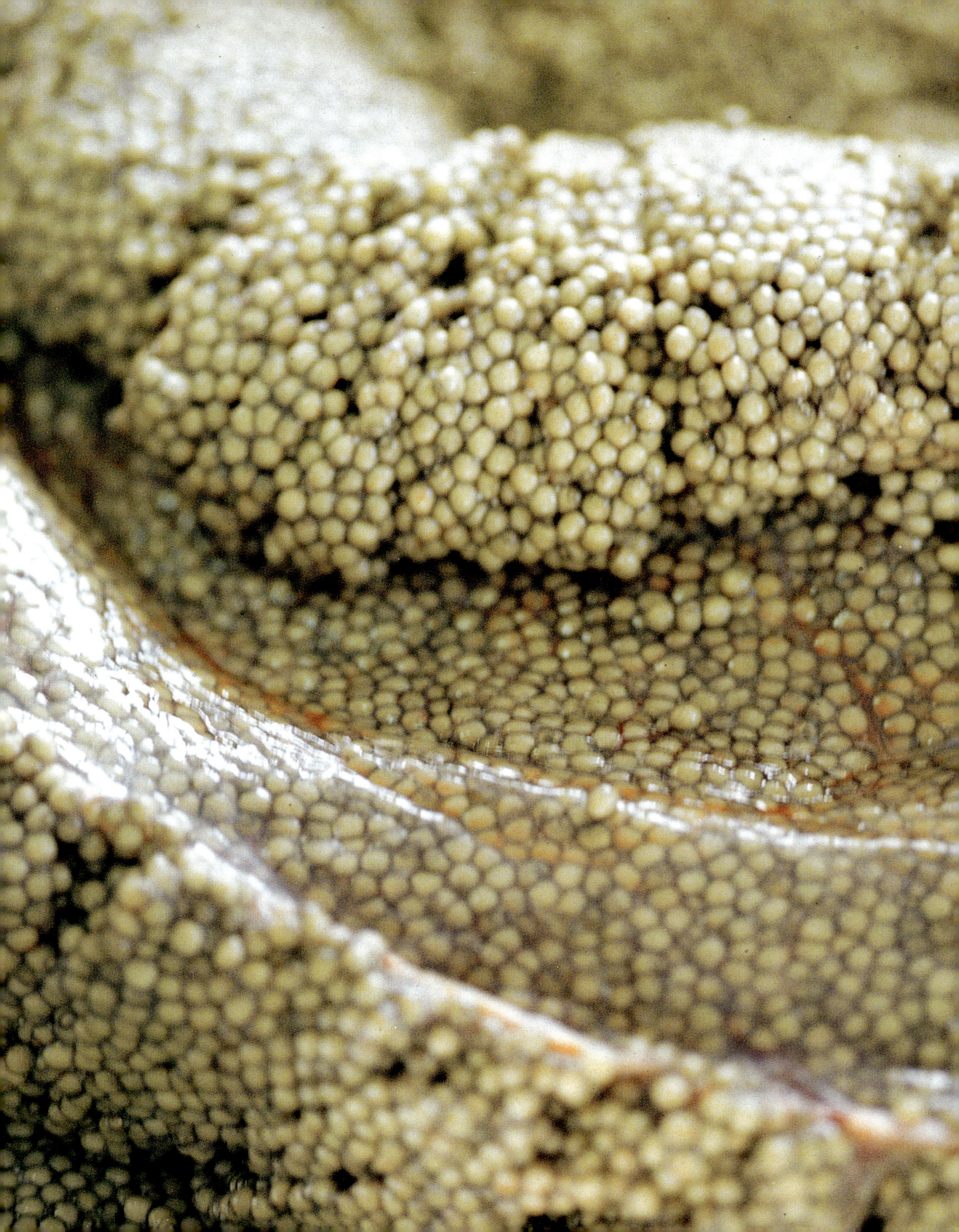

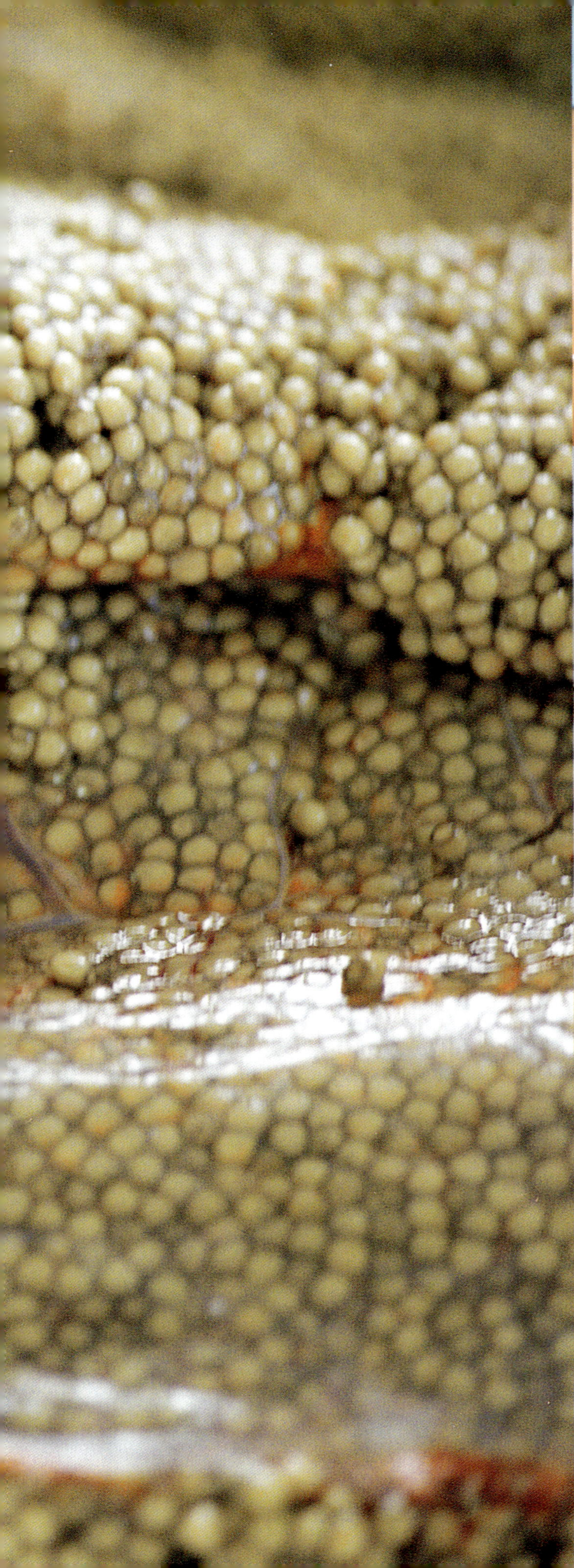
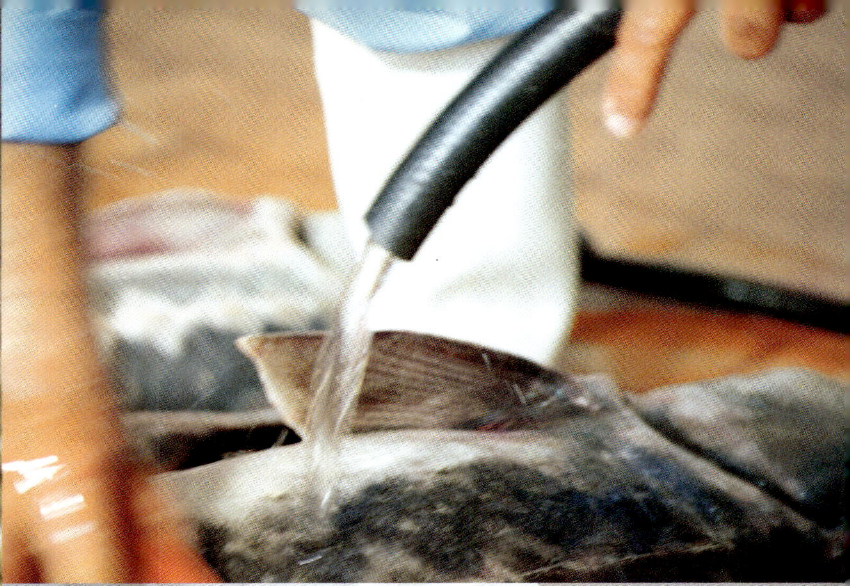
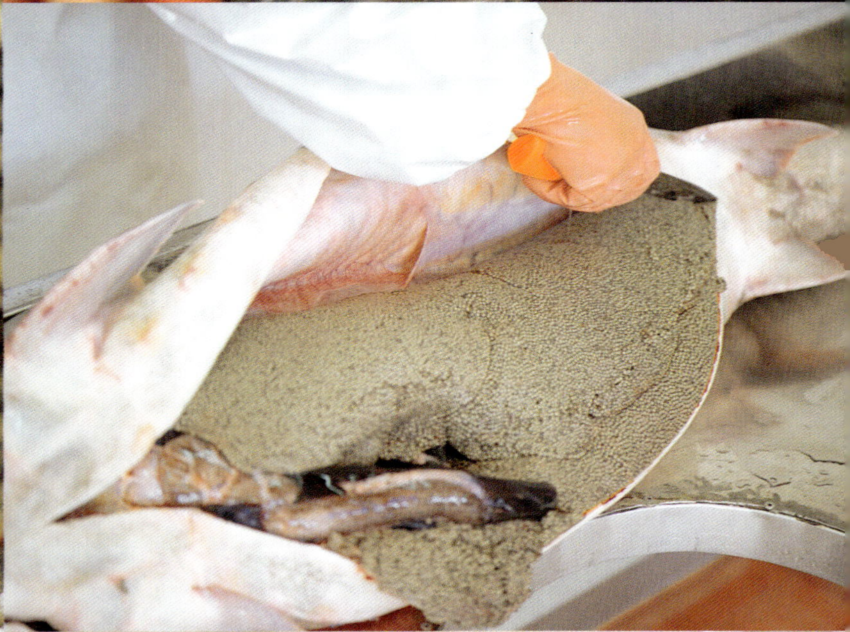
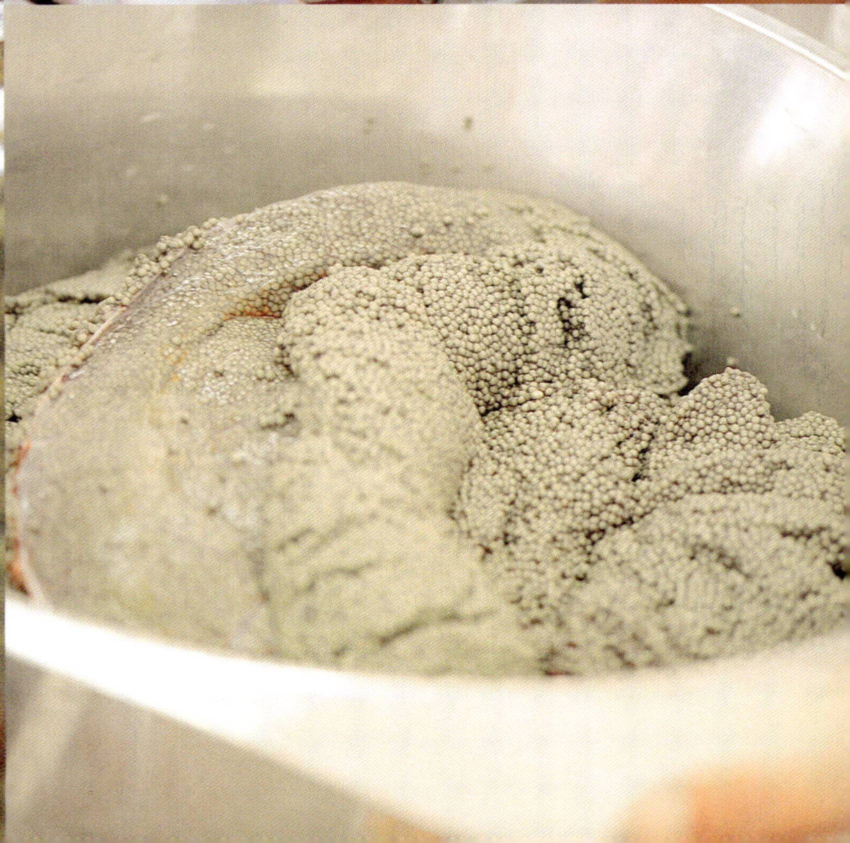

etikettiert. Im Iran werden alle Dosen mit einem speziellen Code von der Shilat versehen, anhand dessen die Fischfabrik, die den Stör verarbeitet hat, die Fischart, die Güte der Eier, das Fangdatum, das Gewicht des Rogens pro Fisch und die Anzahl der Dosen je Fassportion ermittelt werden können.

Um ein Höchstmaß an Frische zu gewährleisten und den Rogen nur möglichst kurz der Luft auszusetzen, sollte die gesamte Kaviarverarbeitung nicht länger als 20 Minuten dauern. Selbstverständlich wird peinlich darauf geachtet, dass in der Fabrik unter absolut sterilen Bedingungen gearbeitet wird, um das Risiko einer bakteriellen Verunreinigung auszuschließen. Stichproben zur Qualitätsüberwachung werden von wichtigen Kunden vorgenommen, indem sie eine Nadel in eine Dose mit Kaviar bohren, etwas Öl entnehmen und dieses sorgfältig untersuchen.

Bevor das Salz zugegeben wird, streicht man die Eier mehrere Male durch ein grobmaschiges Sieb, um die Membranen zu entfernen.

Die Kaviardosen werden im Dreierpack in Leinensäckchen verschnürt. Diese werden fest zugenäht und mit einem Bleisiegel versehen. Vier solcher Säckchen werden vorsichtig in extra angefertigte Sperrholzschachteln gepackt, die jeweils etwa 20 Kilogramm wiegen. Die Schachteln werden bei einer Temperatur von konstant -2 °C gelagert, bis sie für den Transport in der Kühlung bereit sind. Das dem Kaviar beigefügte Salz verhindert, dass er bei dieser niedrigen Temperatur gefriert.

Die meisten großen Importeure erhalten ihren Vorrat in dieser Form und verkaufen entweder die Originaldosen weiter oder packen den Kaviar entsprechend des gewünschten Gewichtes um und verwenden ihre eigenen Etiketten. Auf jeder von einem angesehenen Verkäufer angebotenen Dose sollte zumindest das Haltbarkeitsdatum vermerkt sein, in manchen Fällen wird auch das Fangdatum angegeben.

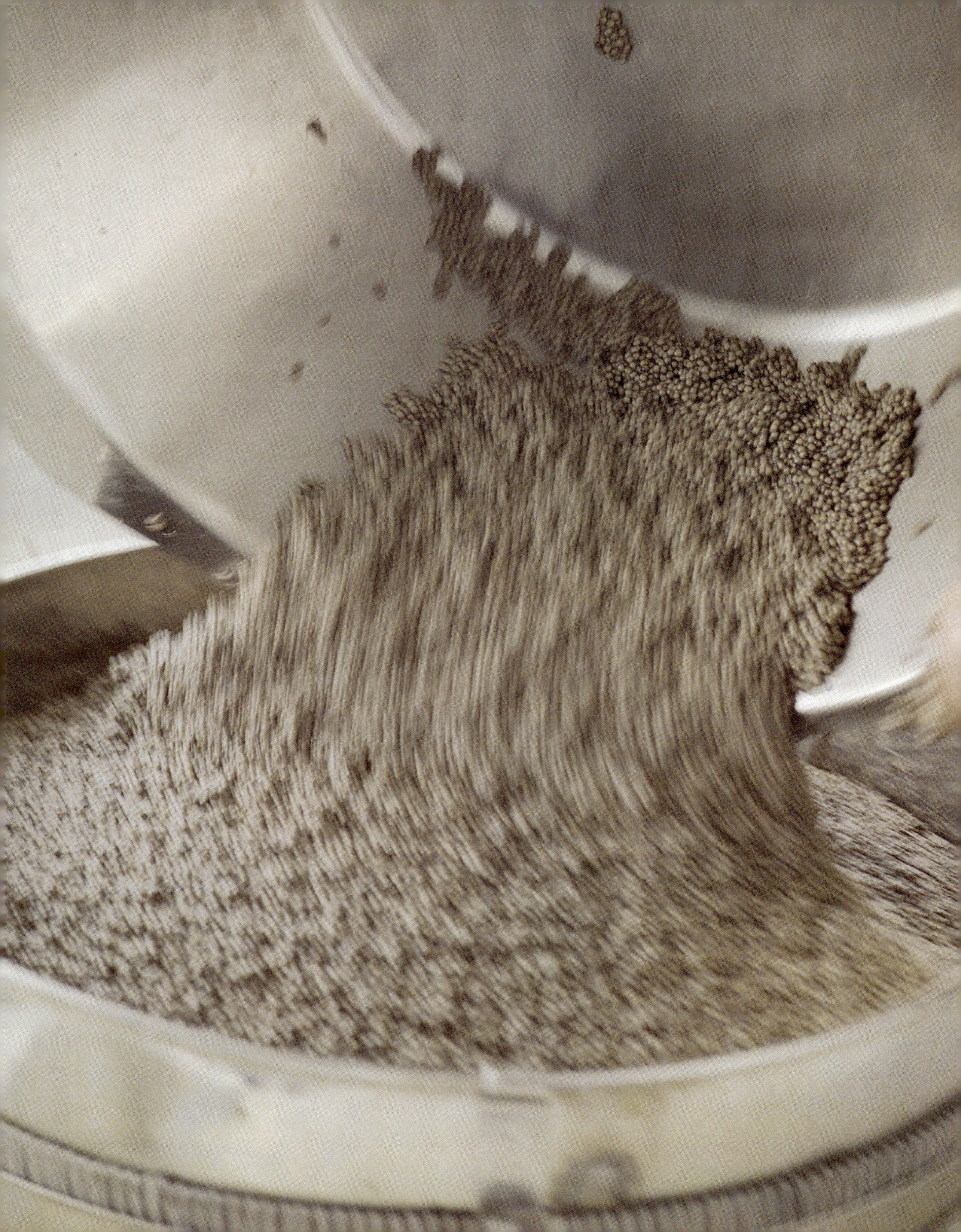

Zuerst häuft man den Kaviar locker in die Dosen und drückt dann den Deckel fest zu. Die Eier werden dadurch nicht beschädigt. Jede Dose erhält einen Stempelaufdruck mit eindeutigen Identifikationsmerkmalen und wird anschließend mit einem breiten Gummiband versiegelt.

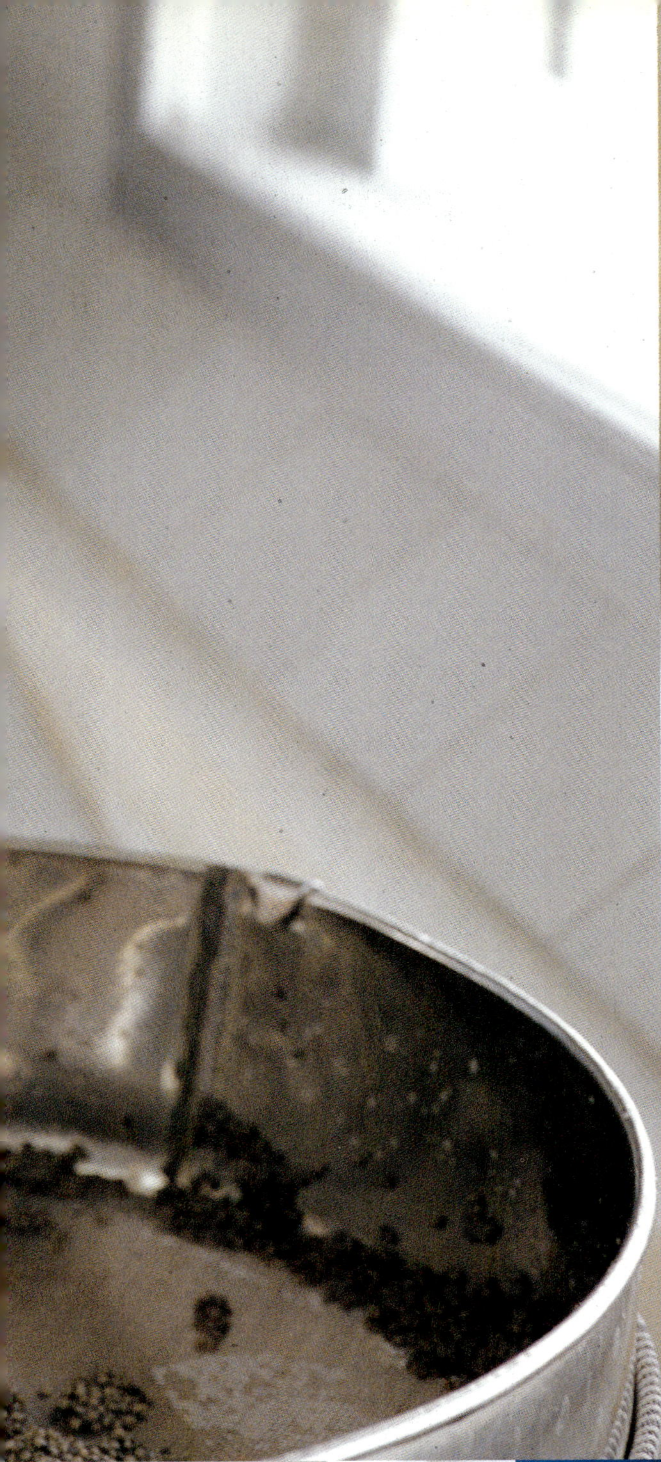

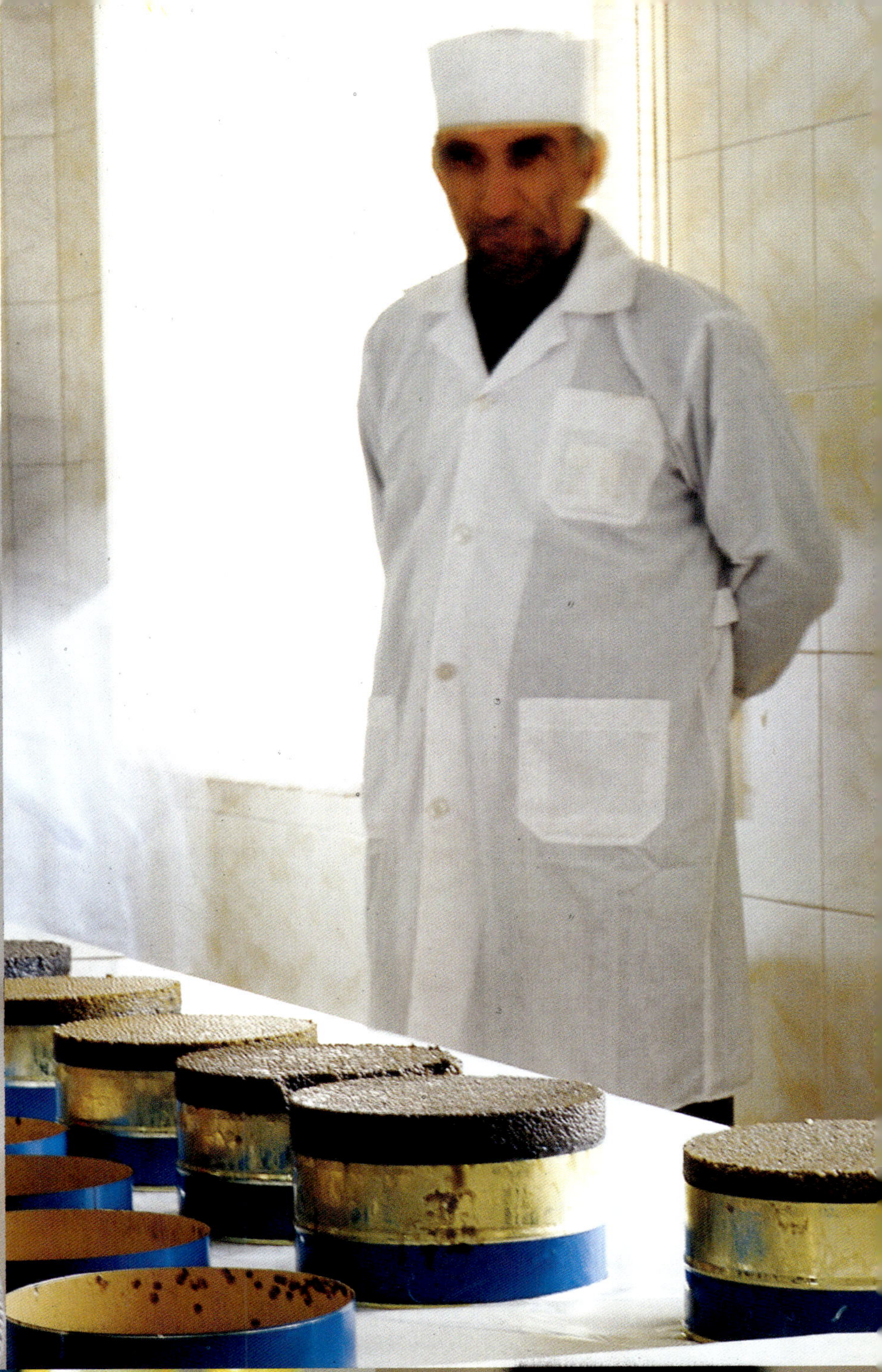

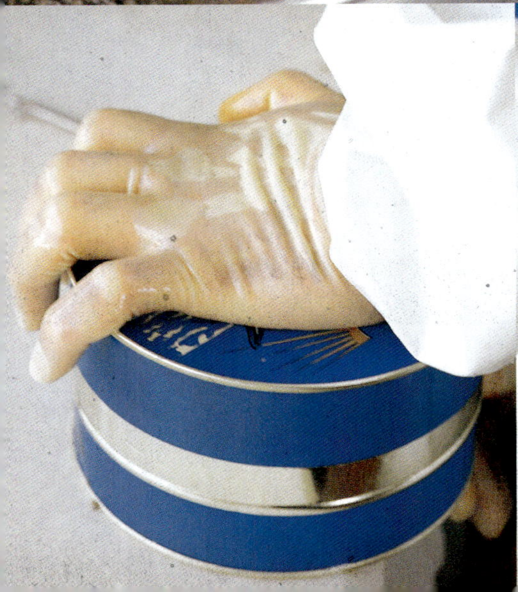

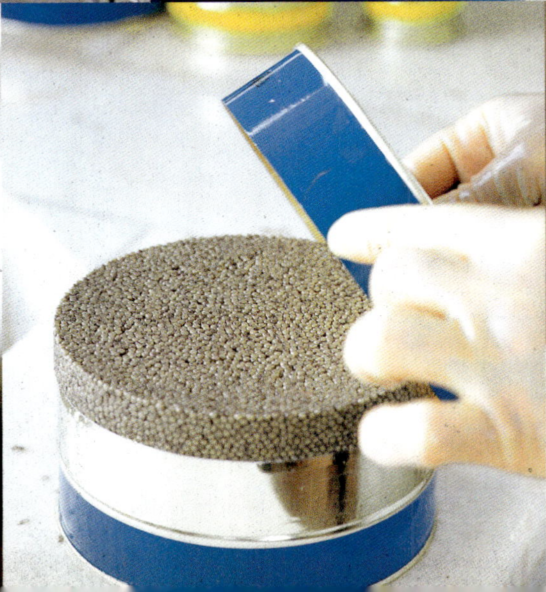

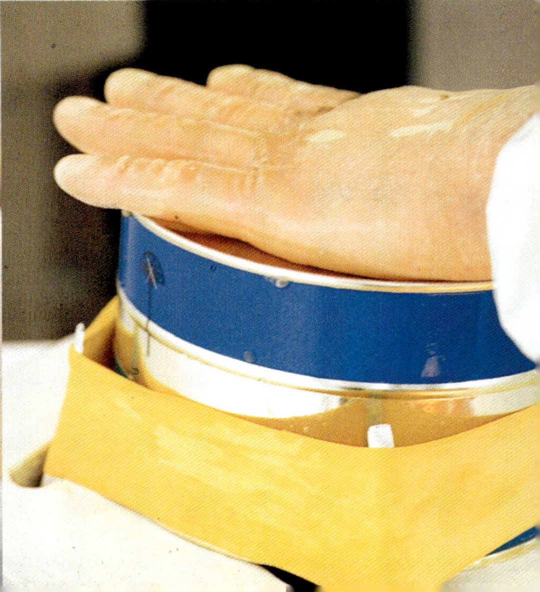

KAVIAR GENIEßEN

*Kaviar stammt von Störjungfrau'n
Störjungfrau'n sind ein edles Mahl
Störjungfrau'n muss man nicht trau'n
Deshalb ist Kaviar meine Wahl.*

anon

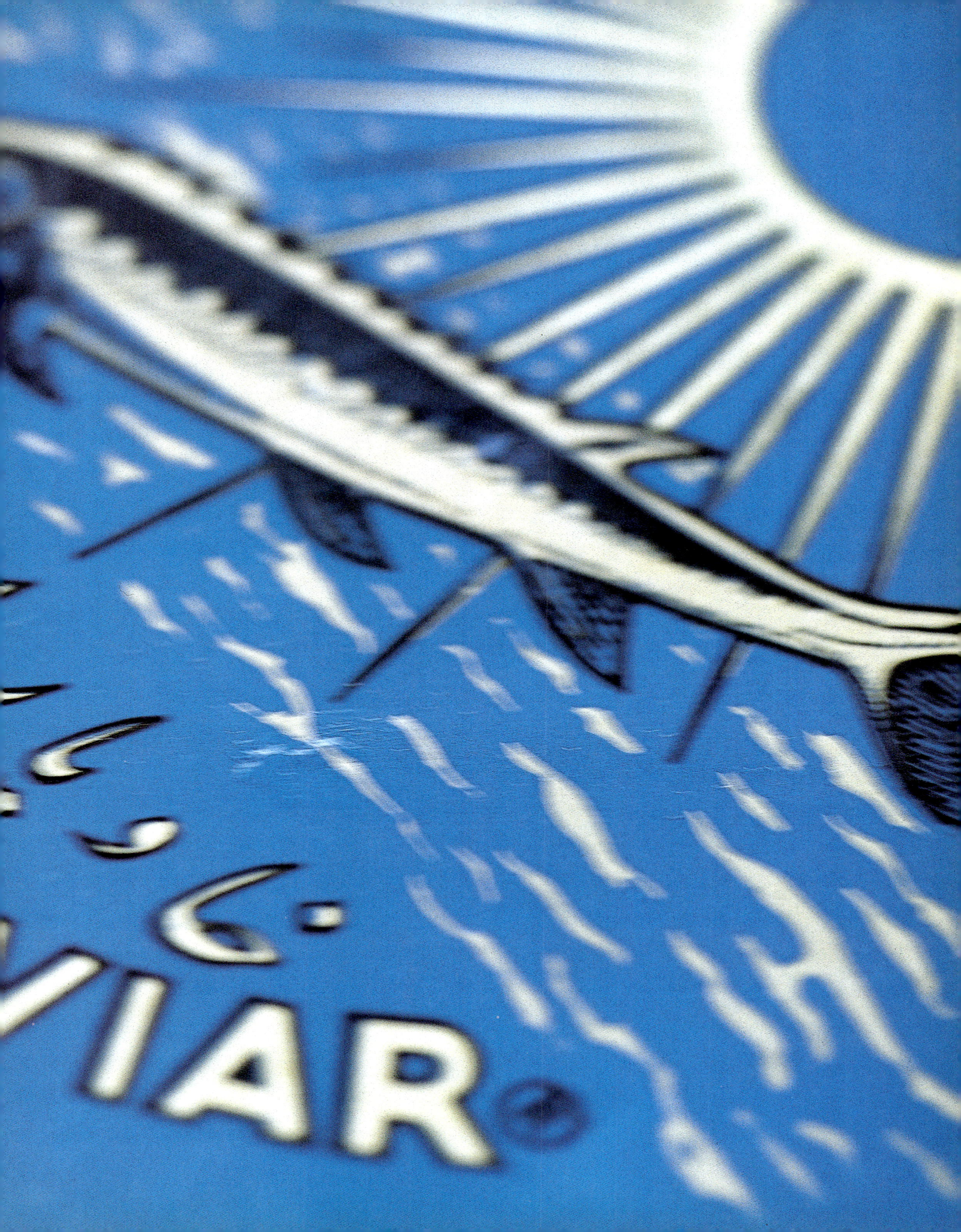
VIAR

EINKAUFEN UND SERVIEREN

Beim Kauf von Kaviar sollte man unbedingt einige wichtige Hinweise beherzigen, die im Folgenden genannt werden. Im übrigen gilt wie für jedes hochwertige Nahrungsmittel: Es muss vor dem Kauf ordnungsgemäß gelagert worden und so frisch wie möglich sein.

Die meisten gut eingeführten Einzelhändler verpacken ihre Kaviarprodukte unter Vakuum. Ein vertrauenswürdiger Verkäufer wird durch deutliche Beschriftung und meist durch zusätzliche Verpackung für die Qualität garantieren. Ansonsten kann es sein, dass der Kaviar nicht vorschriftsmäßig abgepackt oder noch schlimmer durch minderwertigen Kaviar ersetzt wurde. Fischfabriken – und auch einige Einzelhändler – verwenden breite Gummibänder, um die Dosen zu verschließen, doch die Art des Verschlusses sollte keinerlei Einfluss auf die Qualität haben. Kaviar wird zudem in verschieden großen Gläsern angeboten. Auf den riesigen schwimmenden Fischfabriken wird der Kaviar noch an Bord hergestellt, nach Güteklassen unterteilt und sofort in Gläser mit Schraub- oder Kronverschluss abgefüllt. Anschließend wird er normalerweise pasteurisiert. Kaviar in Gläsern sieht möglicherweise größer aus, als er ist, da das Glas manchmal einen Lupeneffekt hat. Bei Kaviar von hoher Qualität folgen die Eier dem Glas, wenn man es langsam dreht. Wenn sie sich über die Herkunft nicht im Klaren sind, sollten Sie Kaviar nicht in versiegelten Dosen kaufen.

Für die richtige Art Kaviar zu verkosten, nimmt man einen goldenen oder nicht-metallischen Löffel, lässt ihn senkrecht in die Dose oder das Glas gleiten und legt damit einen Klecks Kaviar auf die v-förmige Schmalseite zwischen Daumen und Zeigefinger der eigenen Hand. Man isst ihn direkt aus der Hand, rollt die Eier im Mund hin und her und lässt sie vorsichtig platzen, damit sie ihr volles Aroma entfalten können. Zum Abschluss reibt man die besagte Hautstelle der Hand: Es sollte kein Geruch zurückbleiben.

Die größten Feinde des Kaviar sind Luft und Wärme. Es empfiehlt sich, Kaviar immer im Kühlschrank aufzubewahren und unbedingt das Mindesthaltbarkeitsdatum zu beachten. Eine Ausnahme hierin bildet nur pasteurisierter Kaviar, der sich mehrere Monate lang bei Zimmertemperatur hält.

Werden die Dosen mehrere Wochen im Kühlschrank gelagert, so ist es ratsam, sie von Zeit zu Zeit umzudrehen, um sicherzustellen, dass das natürliche Öl stets gut zwischen den Eiern verteilt bleibt.

Bleibt von einer geöffneten Dose etwas Kaviar übrig, so sollten Sie ihn in ein Glasgefäß stellen, mit Frischhaltefolie abdecken und im Kühlschrank aufbewahren. In einem normalen Haushaltskühlschrank hält sich ungeöffneter Kaviar bei einer Temperatur von 3 °C zwei bis drei Monate lang. In gewerblichen Kühlgeräten mit -3°C bis -5°C kann er je nach Salzgehalt bis zu einem Jahr gelagert werden. Niemals sollte man Kaviar einfrieren, da die Eier beim Auftauen in der Regel bersten.

Links: Die klassische Art Kaviar zu servieren – auf Eis gebettet mit einem Hornlöffel.

Rechts: Ein einfaches Frühstück an den Ufern des Kaspischen Meeres – frisch zubereiteter Kaviar mit knusprigem Fladenbrot.

Es empfiehlt sich, offenen Kaviar wie jeden anderen rohen Fisch zu behandeln – d.h., ihn innerhalb von zwei bis drei Tagen aufzubrauchen. Sollten die Eier einen herben, säuerlichen oder fischigen Geruch haben, geben Sie sie an den Händler zurück, der als seriöser Verkäufer die Ware gewiss umtauschen wird. Wenn sich außer Eiern und Öl irgendetwas anderes in ihrer Dose befindet (z.B. Membranfetzen, Blutpartikel oder weiße Kristalle rund um die Eier), geben Sie die Dose unverzüglich an den Händler zurück. Entweder wurde der Rogen nicht ordnungsgemäß gereinigt, oder es handelt sich, im Falle von Kristallbildung, um alten Kaviar, bei dem sich das Salz bereits ausgelagert hat. Dies kann bei auf dem Schwarzmarkt erworbenen Kaviar durchaus vorkommen. Essen Sie ihn niemals – er könnte gesundheitsgefährdend sein.

ANRICHTEN

Wer in der glücklichen Lage ist, eine spezielle Kaviarschale aus Glas oder aus einer Muschel zu besitzen, sollte die Dose oder das Glas darin anrichten. Man kann Kaviar aber auch auf einem eigens dafür gedachten Teller servieren. Nehmen Sie den Kaviar etwa eine halbe Stunde vor dem Servieren aus dem Kühlschrank, lassen ihn aber bis zum Auftragen ungeöffnet. Eine andere Möglichkeit besteht darin, etwas zerstoßenes Eis in einer Schale vorzubereiten und die Kaviardose darauf anzurichten. Nehmen Sie niemals

Links: Die anerkannte professionelle Art, Kaviar zu genießen und zu kosten.

Rechts: Champagner ist stets ein angemessen exklusiver Begleiter des Kaviars.

einen Löffel aus Metall (außer Gold), da der Kaviar sonst oxidiert, was den Geschmack beeinträchtigt. Falls Sie keinen speziellen Kaviarlöffel haben, benutzen Sie einen Plastiklöffel, der das Aroma des Kaviars nicht beeinflusst und zudem geruchsneutral ist. Um zu vermeiden, dass die Eier aufplatzen, sollten Sie den Löffel immer senkrecht hineinführen. Auch Zitronensäure lässt Kaviar oxidieren, daher sollte man auf Zitronensaft verzichten, es sei denn, es handelt sich um gepressten oder pasteurisierten Kaviar.

WAS MAN DAZU TRINKT

Wodka, das Nationalgetränk der Russen, ist ein perfekter Begleiter für Kaviar. Ein farbloser und natürlich geschmacksneutraler Branntwein, der aus vielen Rohstoffen wie Kartoffeln, Roggen und Gerste destilliert werden kann, ursprünglich jedoch vor allem aus Weizen hergestellt wurde. Bereits im 16. Jahrhundert gab man verschiedene Wurzeln, Kräuter oder Früchte zur Aromaverbesserung hinzu. Heutzutage ist Wodka in einer verwirrenden Auswahl an Geschmacksrichtungen erhältlich. Da die Russen die größten Kaviarkonsumenten sind und Wodka ihr Nationalgetränk ist, scheint der gemeinsame Genuss unvermeidlich. Wodka sollte stets eiskalt serviert werden. Qualitativ hochwertiger Wodka (aber auch nur dieser!) kann sogar im Gefrierfach gelagert werden, da er aufgrund seines hohen Alkoholgehalts (zwischen 35 bis 80 Prozent) nicht gefriert – vielmehr lässt er sich dann wie Sirup ausschenken.

Ein klassischer Kaviarcocktail wird zubereitet, indem man eiskalten Wodka in ein gekühltes Glas füllt, und durch die eisige Flüssigkeit einen Löffel voll Kaviar tropfen lässt, der auf den Boden des Glases absinkt und am Ende gerausgelöffelt werden kann. Je mehr der Cocktail zur Neige geht, desto stärker kommt die Schlichtheit des Wodkas zum Vorschein und unterstreicht die leicht salzige Note des Kaviars.

Bei der Zubereitung eines Gerichts, das Kaviar mit Meeresfrüchten kombiniert, sollte man unbedingt beachten, dass viele Leute diese Mischung zusammen mit Wodka oder anderen hochprozentigen Getränken für unverdaulich halten. In diesem Fall ist es ratsam bei Wein oder Champagner zu bleiben.

Weißwein und Champagner sind zumeist die unkomplizierte aber richtige Wahl. Handelt es sich jedoch um einen geschmacklich sehr ausgeprägten Kaviar mit herzhaften Zutaten kombiniert, wie etwa Zwiebeln, raten wir zu einem Napa Valley Champagne (kalifornischen Sekt), da das Aroma der zarteren Wein- und Champagnersorten hier überdeckt wird. Elegante, extratrockene Weißweine wie Sancerres und andere gute Sauvignon-Blancs schmecken köstlich zu Kaviar, ebenso feine Chardonnays, ohne oder allenfalls mit leichter Eichenholznote, wie etwa Chablis. Schwere Weine, zumeist Barrique-Weine, sind nicht zu empfehlen, da sie meist zu vollmundig sind und den Kaviar gerne übertrumpfen.

Unseren Rezepten sind einige Getränkeempfehlungen angeschlossen, die auf persönlichem Geschmack und eigener Erfahrung beruhen, doch müssen unsere Preferenzen nicht auch die Ihren sein: Experimentieren Sie ruhig selbst, das Getränk Ihrer Wahl zu finden; schließlich ist Kaviar in der Regel ein besonderes Erlebnis – um zu verführen, zu beeindrucken, oder einfach, weil Sie ihn mögen.

CANAPÉS

SCHACHBRETT AUS KAVIAR UND RÄUCHERLACHS

Ein Klassiker unter den Canapés, wie er häufig in Spitzenhotels gereicht wird. Am besten eignet sich hierfür Beluga-Kaviar, aber wer nicht ganz so tief in die Tasche greifen will, kann selbstverständlich auch Ossiotr oder Sewruga verwenden. Als besonderen Clou setzt man den farblichen Kontrapunkt zum Beluga statt mit Räucherlachs mit Almas-Kaviar.

6 dünne Scheiben Weißbrot
50 g Butter
125 g Beluga-Kaviar
225 g Räucherlachs in Scheiben

1 6 oder mehr Scheiben dünnes Weißbrot (vorzugsweise von einem quadratischen Laib) leicht toasten und mit ein wenig Butter bestreichen.

2 Auf die eine Hälfte der Weißbrotscheiben den Kaviar verteilen, die andere Hälfte mit Räucherlachs belegen. Mit einem scharfen Messer die Brotkrusten entfernen und alle Scheiben in Quadrate oder gleichseitige Rauten schneiden.

3 Nebeneinander platzieren, und zwar Kaviar und Räucherlachs im Wechsel, so dass ein Schachbrettmuster entsteht. Sofort servieren.

Ergibt etwa 54 Canapés

Als Getränk empfehlen wir Champagner Ihrer Wahl oder Wodka.

KREBSSCHWANZMEDAILLONS MIT KAVIAR AUF CROÛTONS

Auch mit normalem Toastbrot gelingt dieses Gericht, doch die in diesem Rezept vorgestellten würzigen Croûtons sind schmackhafter.

etwas leichtes Öl zum Anbraten
1/2 Würfel Hühnerbrühe
4 Scheiben Weißbrot
1 Krebsschwanz
50 g Sewruga-Kaviar

1 Das Öl in einer Pfanne erhitzen. Den Brühwürfel in das heiße Öl bröseln, Weißbrotscheiben zugeben und auf beiden Seiten goldbraun braten. Gut auf Küchenkrepp abtropfen lassen.

2 Mit einer Ausstechform Kreise aus dem Brot ausstechen. Den Krebsschwanz in kleine Medaillons schneiden und auf die Croûtons legen. Mit Kaviar garnieren.

Ergibt 12 Stück

Als Getränk empfehlen wir einen Rosé-Champagner oder einen guten weißen Burgunder (etwa Côte de Beaune Premiers oder Grands Crus).

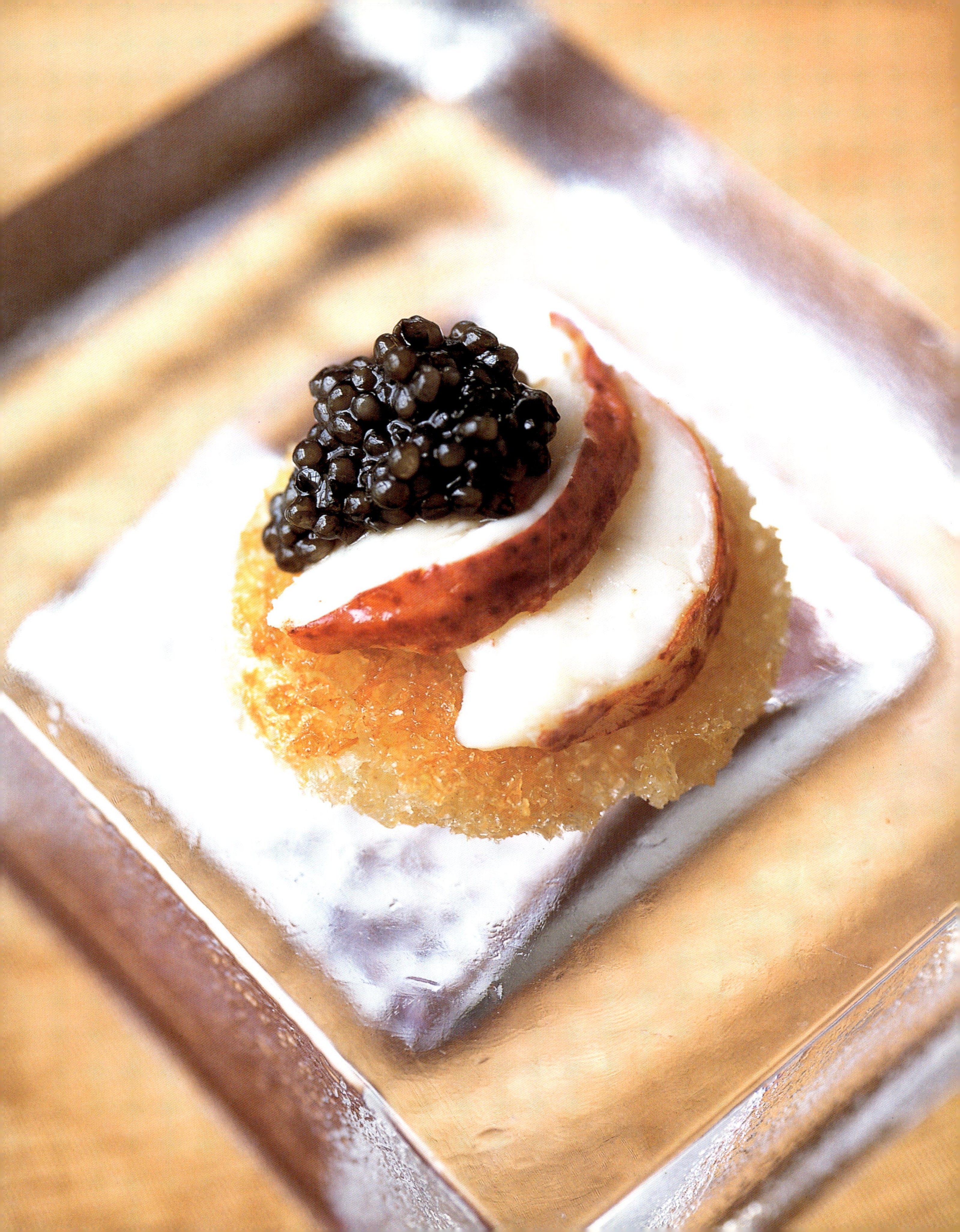

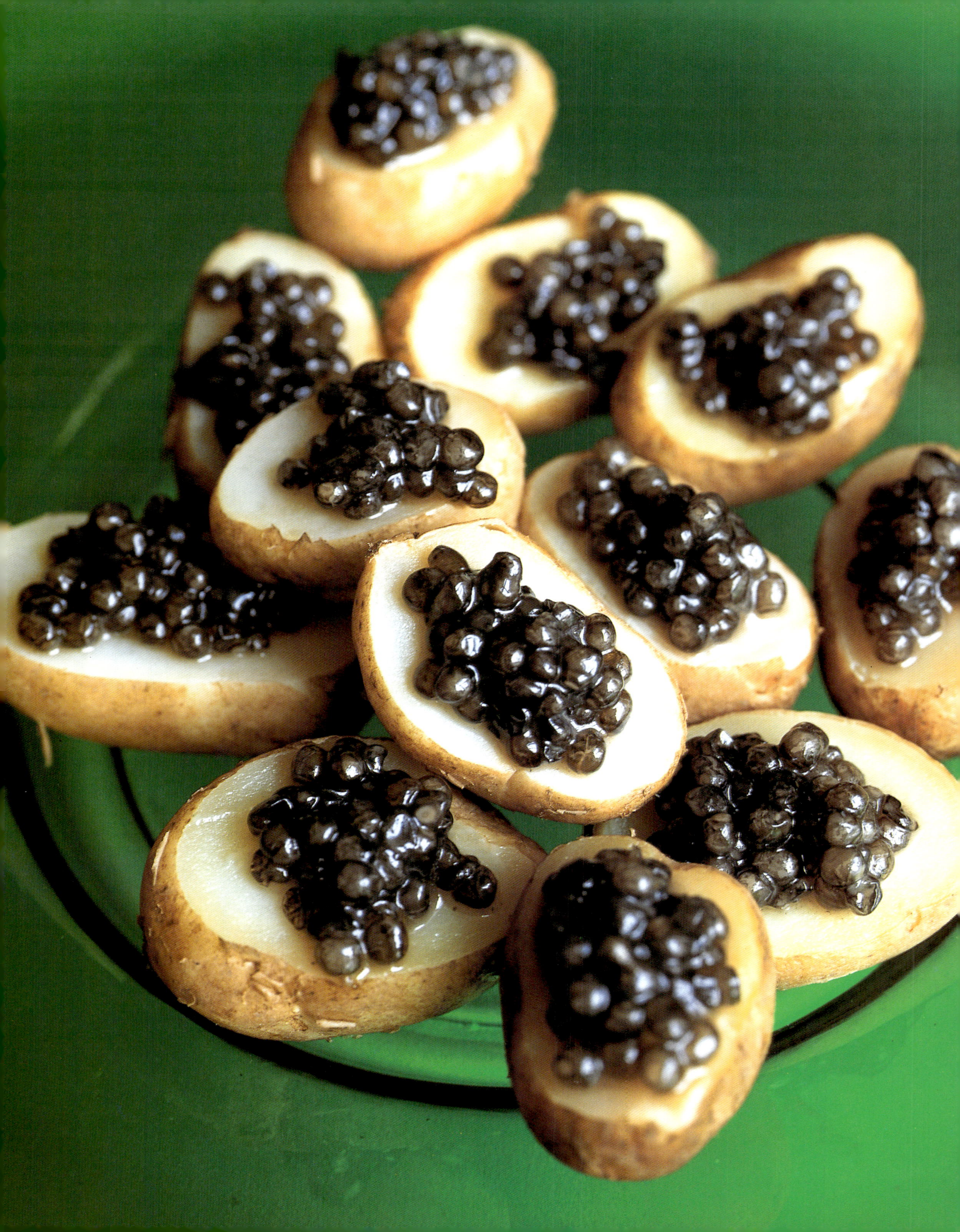

Jersey Royal Kartoffeln mit Kaviar

Ein wahrer Renner, der schneller gegessen wird, als man ihn zubereiten kann!

20 sehr kleine neue Kartoffeln (vorzugsweise Jersey Royal)
50 g Kaviar

1 Die neuen Kartoffeln kräftig abwaschen und kochen, bis sie gar sind, der Länge nach halbieren und von den Hälften an der Rückseite ein dünnes Scheibchen abschneiden, damit die Kartoffelhälften nicht umfallen können.

2 Zum Schluss mit Kaviar garnieren.

Ergibt 40 Stück

Mit Napa Valley Brut oder Rosé Champagne servieren.

Frühkartoffeln mit Schellfisch-Kaviar-Füllung

Dieses mild würzige Gericht eignet sich hervorragend für eine Stehparty. Statt des echten Kaviars kann man auch Lachskaviar verwenden. Nimmt man größere Kartoffeln, so eignet es sich auch als Hauptgericht.

20 kleine neue Kartoffeln
100 g geräuchertes Schellfischfilet
300 ml Milch
frisch gemahlener schwarzer Pfeffer
1/2 Bund Petersilie
100 g Sauerrahm
1 TL Zitronensaft
100 g Sewruga-Kaviar

1 Die Kartoffeln kochen, gießen und abkühlen lassen. In einer Kasserole den Schellfisch mit der Milch bei geringer Hitze etwa 5 Minuten kochen. Den Fisch abtropfen lassen und in eine Schüssel geben.

2 Die Kartoffeln halbieren, mit einem Löffel vorsichtig das Kartoffelfleisch aus der Schale heben und in einer Schüssel zu Püree zerdrücken. Ein Viertel des Kartoffelpürees mit dem Schellfisch vermengen, mit Pfeffer würzen und gut verrühren.

3 Die Petersilie waschen und fein hacken. Mit einer Gabel Sauerrahm, Zitronensaft, 1 Esslöffel gehackte Petersilie und die Hälfte des Kaviars vorsichtig unter das Püree heben. Die Mischung in die Kartoffelschalen füllen und mit dem übrigen Kaviar garnieren.

Ergibt 40 Stück

Mit Champagner oder einen edlen weißen Bordeaux (z.B. Graves oder PéssacLéognan) servieren.

GESPIEGELTE WACHTELEIER AUF TOAST MIT KAVIAR

Luxus vom Feinsten!

3 Scheiben dünnes weißes Sandwichbrot
12 frische Wachteleier
50 g Butter
frisch gemahlener schwarzer Pfeffer
30–50 g Ossiotr-Kaviar

1 Das Brot leicht antoasten und mit einem Ausstechförmchen von 4 cm Durchmesser 12 Kreise ausstechen. Im Backofen auf dem Rost warmhalten.

2 Die Wachteleier in eine Schüssel aufschlagen, dabei darauf achten, dass die Eigelbe nicht verletzt werden (keine leichte Aufgabe, da die Eihaut ziemlich dick ist). Die Butter in einer Kasserole erhitzen, die Eier hineingleiten lassen und mit etwas frisch gemahlenem Pfeffer würzen. Mit einem Bratwender die Eier so verteilen, dass sich alle gleichmäßig auf dem Boden der Kasserole ausbreiten können. Die Pfanne abdecken, und die Eier unter ständiger Aufsicht einige Minuten braten bis sie gar sind. Die Pfanne von der Herdplatte nehmen und mit dem Ausstechförmchen jedes Ei einzeln ausstechen.

3 Die Toastkreise auf einem Servierteller anrichten und auf jede Scheibe ein Wachtelei platzieren, jeweils mit einem 1/2 Teelöffel Kaviar garnieren.

Ergibt 12 Stück

Als Getränk empfehlen wir Jahrgangschampagner, erstklassigen Chablis (Grand Cru) oder weißen Bordeaux (etwa Graves oder Péssac-Léognan).

GERÖSTETE KARTOFFELSCHALEN MIT SAUERRAHM UND KAVIAR

Das Kartoffelfleisch kann man für andere Gerichte verwenden – z. B. mit Sauerrahm und Schalotten zu einer Masse verrühren, Röstis formen und goldbraun ausbacken.

4 große Kartoffeln
150 ml Öl zum Frittieren
2–3 Schalotten
200 g Sauerrahm
Salz, weißer Pfeffer
100 g Ossiotr-Kaviar

1 Den Backofen auf 180 °C (Gas Stufe 4) vorheizen. Die Kartoffeln waschen und abtrocknen, mehrmals mit einer Gabel anstechen und im Backofen etwa 1 1/4 Stunden backen.

2 Die Kartoffeln halbieren und mit einem Löffel das Kartoffelfleisch aus den Schalen herauslösen. Die Schalen in ca. 2,5 cm breite und 7,5 cm lange Streifen schneiden. Das Öl in einer großen Kasserole erhitzen, die Kartoffelschalenstreifen hineingeben und im Fett goldbraun frittieren. Mit einem Schaumlöffel herausheben und auf Küchenkrepp mit der Schalenseite nach oben gut abtropfen lassen.

3 Die Schalotten abziehen und fein hacken. Die Kartoffelschalenstreifen auf einer Platte anrichten, mit Sauerrahm bestreichen und mit Salz und weißem Pfeffer bestreuen. Zum Abschluss mit Kaviar garnieren und die gehackten Schalotten darüber geben.

Ergibt etwa 20 Stück

Als Getränk empfehlen wir Wodka.

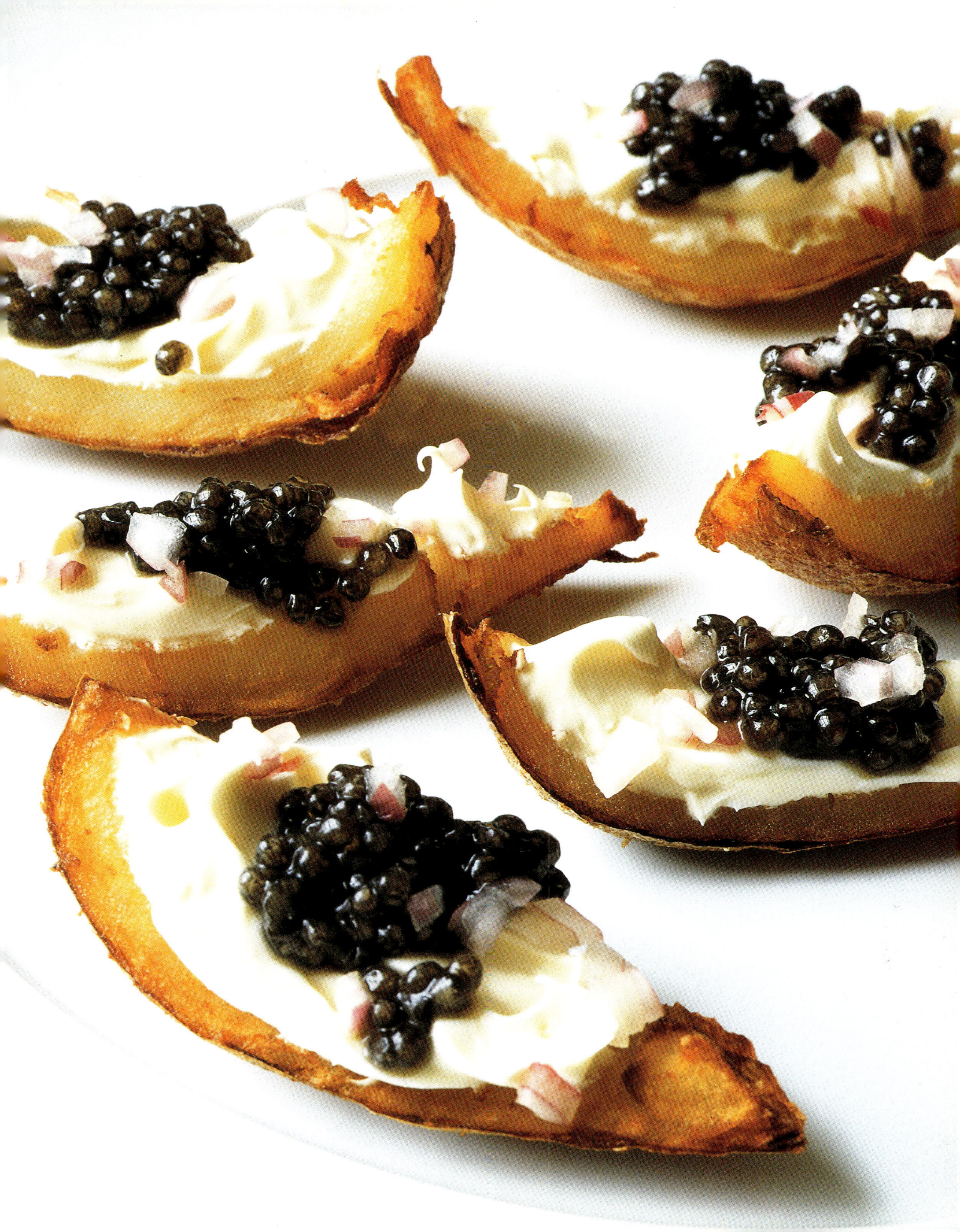

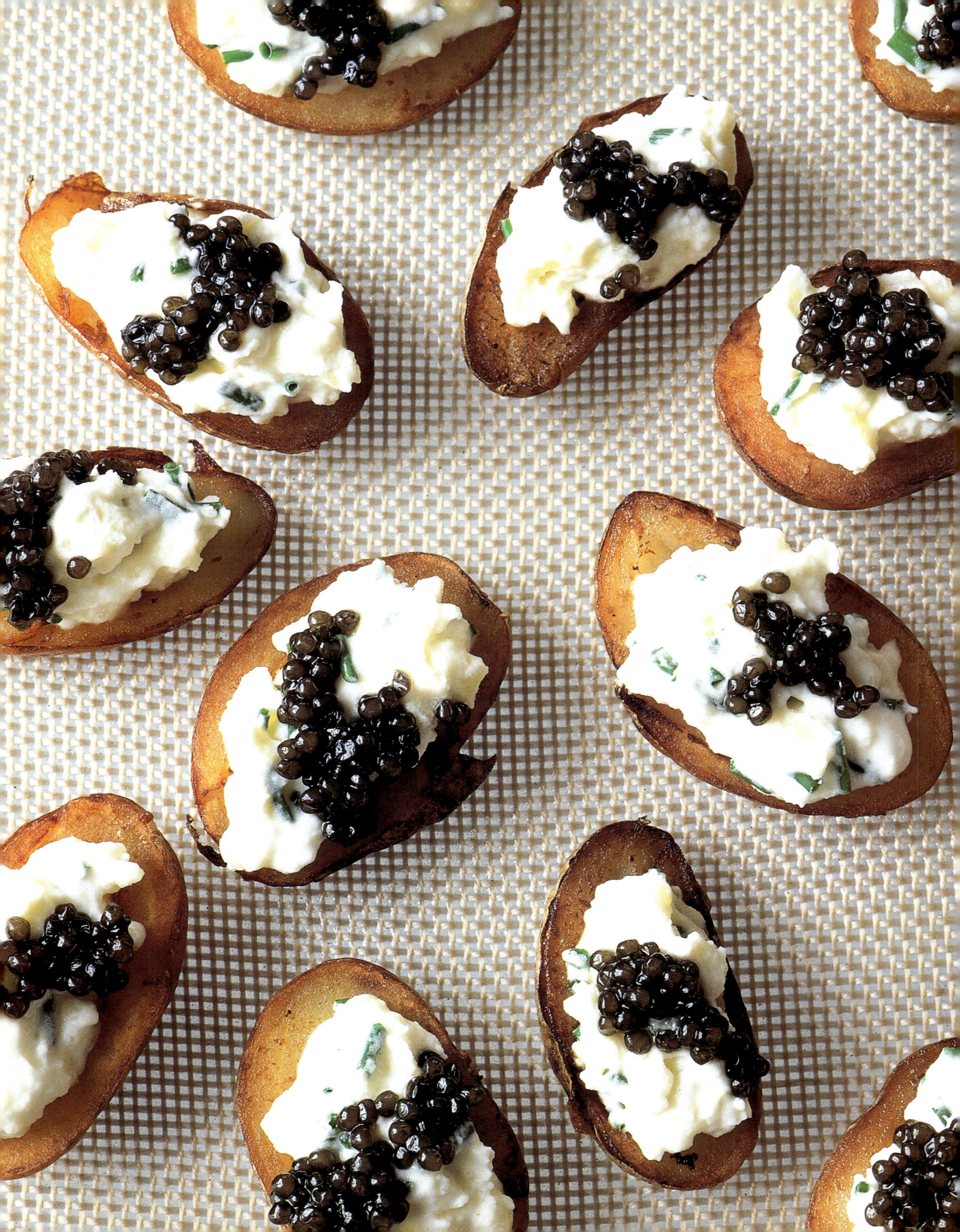

Mini Baked Potatoes mit Kaviar

Ein köstliches Canapé für eine besondere Gelegenheit und ideal bei einem Glas Champagner vor einem echten Kaminfeuer an einem kalten Winterabend zu genießen. Auch als harmonische Ergänzung zu einem Teller Räucherlachs oder zart gewürzten und gebutterten, in der Pfanne gebratenen Lachssteaks. Als Beilage empfehlen wir Erbsen oder Zuckererbsen.

12 neue Kartoffeln (so klein wie möglich)
1 Bund Schnittlauch
1 Zwiebel
175 g Sauerrahm
1 El Zitronensaft (bei Bedarf)
frisch gemahlener schwarzer Pfeffer
150 ml Öl zum Frittieren
30 g weiche Butter
100 g Ossiotr-Kaviar

1 Den Backofen auf 200 °C (Gas Stufe 6) vorheizen. Die Kartoffeln waschen und abtrocknen. Mit einem Spieß mehrfach anstechen, auf ein flaches Backblech legen und im Backofen etwa 40 Minuten backen.

2 Den Schnittlauch waschen, trockenschütteln und in Röllchen klein schneiden; die Zwiebel sehr fein hacken. Den Schnittlauch mit dem Sauerrahm und der Zwiebel, je nach Geschmack auch mit etwas Zitronensaft und reichlich frisch gemahlenem schwarzen Pfeffer verrühren. Die Mischung beiseite stellen.

3 Die Kartoffeln aus dem Backofen holen und längs halbieren. Vorsichtig das Kartoffelfleisch herauslöffeln, so dass die Schalen unversehrt bleiben. Auf der Rückseite einen schmalen Streifen abschneiden, damit die Kartoffeln gut stehen. Die weiche Kartoffelmasse leicht zerdrücken, beiseite stellen und warm halten.

4 In einer großen Kasserole das Öl erhitzen bis es sprudelt, die ausgehöhlten Kartoffelhälften hineingeben und im schwimmenden Fett knusprig goldbraun frittieren. Mit einem Schaumlöffel herausheben und auf einigen Lagen Küchenkrepp mit der Schale nach oben gut abtropfen lassen.

5 Mit einer großen Gabel das Kartoffelpüree mit der Butter und der vorbereiteten Masse aus Sauerrahm, Schnittlauch, Zwiebel und Zitronensaft verrühren. 1 gehäuften Teelöffel der Mischung in jede Kartoffelschale geben und mit 1/2 Teelöffel Kaviar garnieren. Sofort servieren, da sich die Kartoffelschalen sonst vollsaugen.

Ergibt 24 Stück

Als Getränk empfehlen wir Jahrgangschampagner, Chablis, weißen Bordeaux (etwa Graves oder Péssac-Léognan) oder Wodka.

Mini-Pizzen mit Kaviar

Ein vornehmer und doch einfacher Häppchensnack,
den auch Italiener zu schätzen wissen.

Für den Pizzateig	Für den Belag
1 1/2 TL Trockenhefe oder 10 g frische Hefe	*100 g Crème fraîche*
250 ml lauwarmes Wasser	*50 g Sewruga- oder Ossiotr-Kaviar*
375 g kräftiges Weizenmehl	*200 g Räucherlachs*
Salz, frisch gemahlener schwarzer Pfeffer	*1 TL Dill*
2 EL kaltgepresstes Olivenöl	
etwas Olivenöl für die Schüssel	

1 Die Hefe in etwa 2 Esslöffeln warmen Wasser in einer kleinen Schüssel auflösen und ca. 5 Minuten stehen lassen, bis sie sich aufgelöst hat. Das Mehl sieben und mit 1 Teelöffel Salz und 1/2 Teelöffel frisch gemahlenem schwarzen Pfeffer vermischen. In die Mitte des Mehls eine Vertiefung drücken und die angerührte Hefe, das Öl und das übrige Wasser zugeben. Die Zutaten miteinander vermengen und durchkneten. Den Teig solange kneten bis er glatt und elastisch ist, das dauert etwa 8 Minuten.

2 Eine große Schüssel dünn mit Öl ausstreichen, den Teig hineingeben, mit einem feuchten Tuch oder Frischhaltefolie abdecken und an einem warmen Platz ca. 1 Stunde gehen lassen, bis er sein Volumen etwa verdoppelt hat. (Man kann den Teig auch über Nacht im Kühlschrank gehen lassen.)

3 Den Backofen auf 230 °C (Gas Stufe 8) vorheizen und ein leicht mit Öl bestrichenes Backblech hineinschieben. Da der Teig recht zäh ist, benötigt man eine gut bemehlte Arbeitsfläche. Ein kleines Stück Teig abzupfen, eine etwa 2 cm große Kugel daraus formen und diese zu einer Pizza von etwa 5 cm Durchmesser flach drücken. Die Teigscheiben auf bemehltes Backpapier legen, bis dieses vollständig bedeckt ist. Das vorgeheizte Backblech aus dem Backofen nehmen und die Pizzen darauf platzieren. Im Backofen etwa 8 bis 10 Minuten knusprig backen.

4 Die fertig gebackenen Pizzen mit Crème fraîche bestreichen. Die eine Hälfte der Pizzen mit einem kleinen Stück Räucherlachs belegen, auf die andere Hälfte einen kleinen Löffel mit Kaviar geben und mit ein wenig Dill garnieren.

Je nach Größe ergibt das Rezept 20 Pizzen

Als Getränk empfehlen wir Napa Valley Champagne, Sancerre/Pouilly-Fumé, Mosel Riesling Kabinett oder Pinot Bianco.

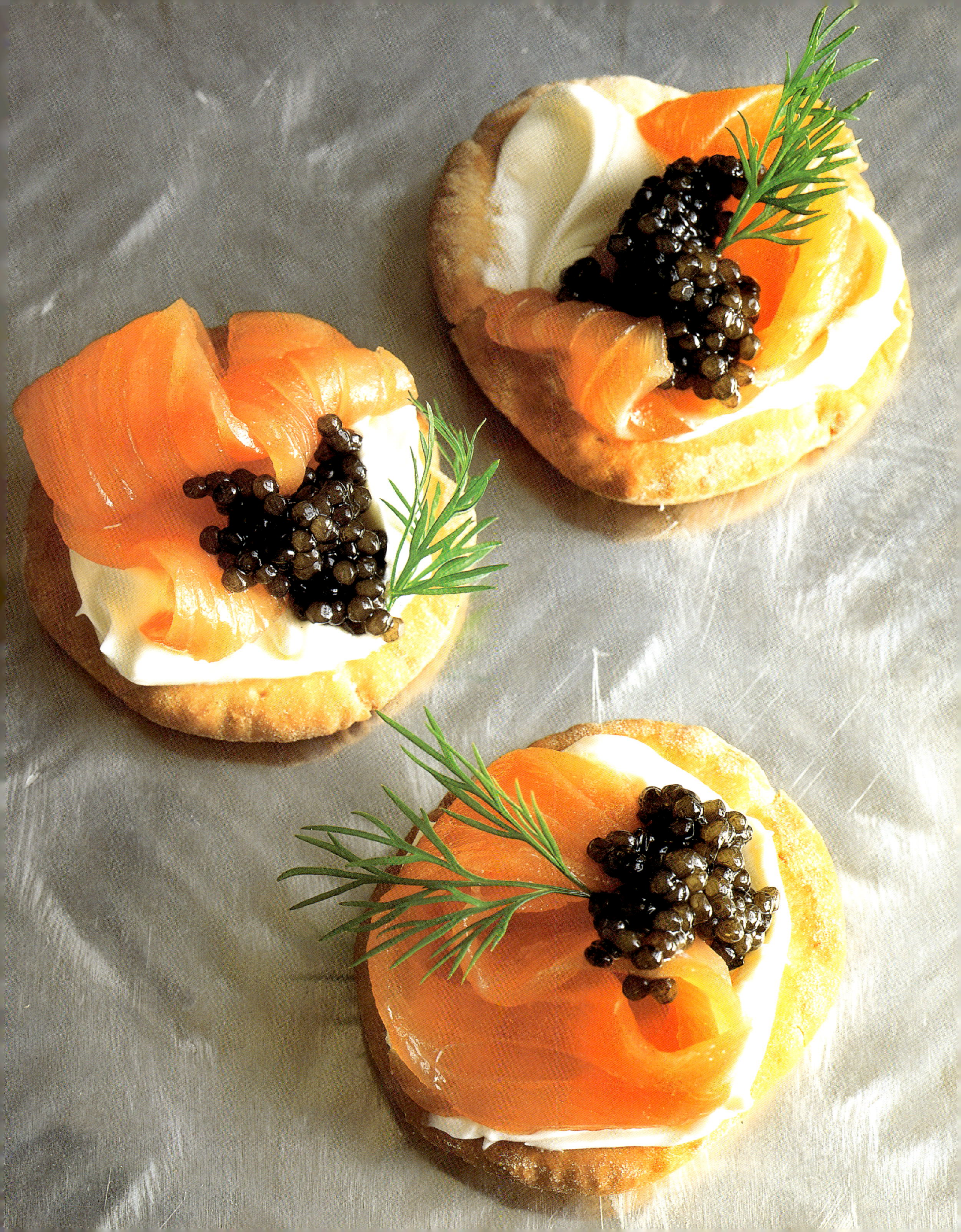

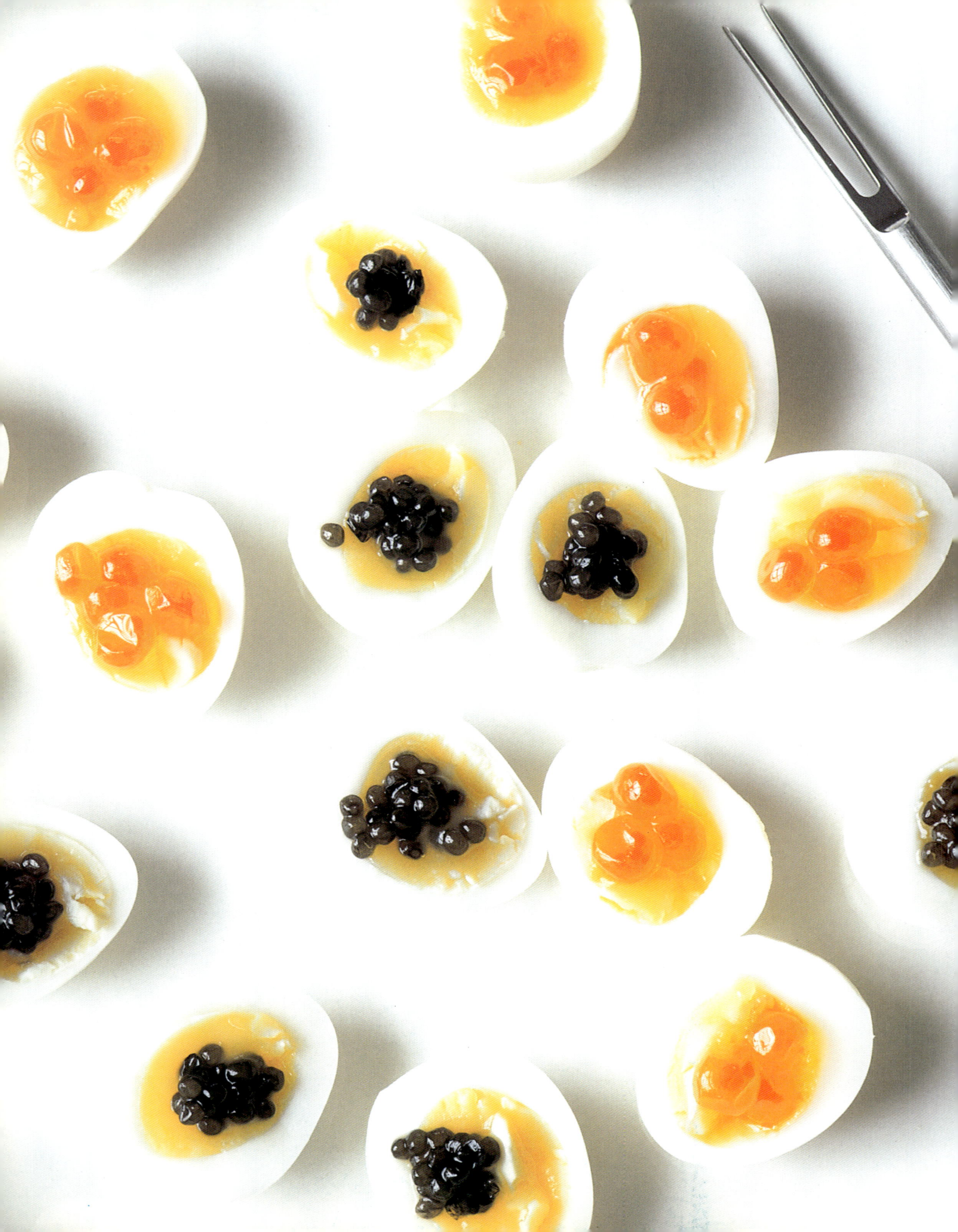

WACHTELEIER MIT KAVIAR

Aus Wachteleiern lassen sich wundervolle Canapés zubereiten; ihr köstlicher Geschmack harmoniert perfekt zu Kaviar. Ein klassischer Vorwand, den besten Kaviar zu kaufen, den Sie bekommen können. Bei größeren Mengen, etwa für eine Platte nur mit Wachteleiern, ist es empfehlenswert, abwechselnd zu echtem Kaviar, Lachs- oder Forellenkaviar zu greifen, um ein ansprechend buntes Bild zu erzielen.

12 frische Wachteleier
(bereits vorgekochte und gepellte Wachteleier sind zwar auch erhältlich, doch besser schmeckt es, wenn man sich die Zeit nimmt, sie selbst zu kochen)
30 g Kaviar

1 Wasser in einer Kasserole erhitzen und die Wachteleier hineinlegen. Rasch aufkochen lassen und ca. 2 Minuten kochen. Die Eier abgießen und in einer Schüssel mit kaltem Wasser abschrecken. Die Schale ringsum aufbrechen und mit dem Ende eines Teelöffels die Eier vorsichtig aus der Schale lösen.

2 Die Eier längs halbieren und auf einer Platte anrichten, jedes Ei mit ein wenig echtem Kaviar oder Lachskaviar garnieren. Einfach und dennoch überaus köstlich!

Ergibt 24 Stück

Als Getränk empfehlen wir Jahrgangschampagner, Chablis oder weißen Bordeaux (z. B. Graves oder Péssac-Léognan).

HÜHNEREIER MIT KAVIAR

Für dieses Rezept eignet sich vor allem Sewruga-Kaviar, da sein stärkeres Aroma die anderen Zutaten besonders gut ergänzt. Und als hübschen farblichen Kontrast kann man abwechselnd einige der Eier auch mit Lachs- oder Forellenkaviar garnieren.

4 frische Hühnereier
30–50 g Sewruga-Kaviar

Für die Zwiebelfüllung
50 g Crème fraîche
1/2 rote Zwiebel fein gewürfelt oder, etwas milderer 1 Bund Schnittlauch, in feine Röllchen geschnitten
1 TL Zitronensaft
Salz, frisch gemahlener schwarzer Pfeffer

Für die Shrimpsfüllung
50 g geschälte, fein gehackte Shrimps
1 EL gehackter Dill
1–2 EL Mayonnaise
1 TL Zitronensaft
Salz, frisch gemahlener weißer Pfeffer

1 Die Eier ca. 8 Minuten kochen. Die Zutaten für die Füllungen separat vermischen. Die Eier in kaltem Wasser abschrecken, pellen und längs halbieren. Die Eigelbe aus dem Eiweiß lösen, zerdrücken und in die gewünschte Füllung untermischen, mit Salz und Pfeffer abschmecken.

2 Mit einem Teelöffel vorsichtig die jeweilige Füllung in die Eiweißhälfen geben. Mit Kaviar garnieren und sofort servieren.

Ergibt 8 Stück

Als Getränk empfehlen wir Champagner.

Brandteigpastetchen mit Kaviarfüllung

Bei diesen Brandteigpastetchen, die sich für allerlei köstliche Füllungen eignen, läuft einem wirklich das Wasser im Mund zusammen.

Brandteigpastetchen
880 g Weizenmehl
1/4 TL Salz, 1 Prise weißer Pfeffer
40 g kalte Butter
150 ml kaltes Wasser
2 Eiweiß
3 Eigelbe
Fett für die Backbleche

Für die Schnittlauchfüllung
250 g Crème fraîche oder Hüttenkäse
2 EL Schnittlauch, in Röllchen geschnitten
1/2 rote Zwiebel, fein gewürfelt
1/4 TL frisch gemahlener schwarzer Pfeffer
2 TL Zitronensaft
50 g Sewruga-Kaviar

Für die Krabbenfüllung
150 g Crème fraîche
100 g fein geschnittenes Krabbenfleisch
1 EL Petersilie, fein gewiegt
50 g Sewruga-Kaviar

1 Den Backofen auf 220 °C (Gas Stufe 7) vorheizen. Das Mehl in eine Schüssel sieben und Salz und weißen Pfeffer zugeben.

2 Die kalte Butter in Flocken im Wasser langsam erhitzen, bis die Butter vollständig geschmolzen ist. Den Topf vom Herd nehmen. Rasch das gesamte Mehl in die Flüssigkeit geben und zu einem glatten Teig schlagen. Bei schwacher Hitze den Teig etwa 2 Minuten lang rühren, bis er sich leicht vom Topfboden löst und in einem Klumpen am Kochlöffel haften bleibt. Dann den Topf vom Herd nehmen.

3 Das Eiweiß steif schlagen. 2 Eigelbe mit dem Teig verrühren und löffelweise das steif geschlagene Eiweiß unterheben, bis der Teig glatt und glänzend ist.

4 2 Backbleche leicht einfetten. Mit einem Teelöffel aus dem Teig Kugeln von ca. 2,5 cm Durchmesser formen und im Abstand von 1 cm auf den Blechen verteilen. Das 3. Eigelb verquirlen und die Pastetchen mit einem Backpinsel damit bestreichen. Das Eigelb darf nicht auf das Blech tropfen, da die Pastetchen sonst nicht gleichmäßig aufgehen. Für 10 Minuten in den Backofen geben, dann die Hitze auf 160 °C (Gas Stufe 3) reduzieren. Weitere 15 Minuten backen, bis die Pastetchen kross und luftig sind, und einen satten Goldton haben.

5 Die Pastetchen aus dem Backofen nehmen. Damit sie nicht teigig werden, an der Seite mit einem scharfen Messer aufschlitzen, so dass der Dampf entweichen kann. Nicht fertig gebackene Teigreste vorsichtig herauskratzen. Auf einem Kuchengitter abkühlen lassen und in einem luftdichten Gefäß aufbewahren.

6 Die Zutaten für die gewünschte Füllung, mit Ausnahme des Kaviars, in eine Schüssel geben und gut verrühren. Die Pastetchen halbieren und die eine Hälfte mit 1 Teelöffel der gewünschten Mischung, die andere Hälfte mit 1 Teelöffel Kaviar füllen. Die beiden Teile schräg zusammenfügen, so dass man einen Blick auf den Kaviar erhaschen kann. Zur Krabbenfleischfüllung passt auch Lachskaviar.

Ergibt etwa 20 Stück

Als Getränk empfehlen wir Champagner, Chablis, Sancerre/Pouilly-Fumé oder Mosel Riesling Kabinett.

MINIBURGER MIT KAVIAR

Ein Klassiker, von dem es viele Varianten gibt. Hier also unser Lieblingsrezept. Sowohl das Fleisch als auch die Eier sollten wirklich frisch sein, wobei gerade beim Fleisch darauf zu achten ist, dass es aus einer vertrauenswürdigen Quelle stammt.

500 g frisches Rinderfilet (vorzugsweise aus ökologischer Viehwirtschaft)
1 Zwiebel
2 EL fein gehackte Kapern
2 Bund Petersilie
3 Anchovisfilets
2 Eigelbe von Freilandeiern
1 Prise Paprika
1 TL Tabascosauce
2 TL Worcestersauce

Salz, frisch gemahlener schwarzer Pfeffer
1 TL Brandy

Zum Servieren
4 Scheiben Weißbrot
40 g Butter
4 Wachteleier
50 g Beluga-Kaviar
Salatblätter zum Garnieren

1 Das Fleisch klein hacken und durch den Fleischwolf drehen, so dass man Tatar erhält. Die Zwiebel abziehen und fein würfeln, die Kapern klein schneiden. Die Petersilie waschen, trockentupfen und fein wiegen. Die Anchovisfilets klein schneiden. Das Rindertatar zusammen mit den Eigelben, den Zwiebelwürfeln, Kapern, Petersilie und Anchovis locker in einer Schüssel vermengen. Die übrigen Zutaten, sämtliche Gewürze und den Brandy, zugeben.

2 Mit einem Ausstechförmchen Kreise von 5 cm Durchmesser aus den Brotscheiben ausstechen und in der Hälfte der Butter auf beiden Seiten kurz anbraten. Auf Küchenkrepp abtropfen lassen.

3 Das Tatar in 8 gleichgroße Portionen aufteilen und kleine Burger entsprechend der ausgestochenen Brotkreise formen.

4 In der übrigen Butter die Wachteleier braten. Auf die Hälfte der Burger etwas Kaviar geben, auf die anderen 4 Burger die gebratenen Wachteleier. Mit Salatblättern garnieren.

Tipp Man kann die Tatarmischung auch auf Toasthäppchen servieren, garniert mit einem Klecks Beluga-Kaviar – in einem berühmten Londoner Nachtclub war dies zu fortgeschrittener Stunde ein beliebter Snack. Eine ganz besondere Spezialität sind Kaviarbouletten: Hierfür formt man das Tatar zu mundgerechten Kugeln und schneidet diese mit einem scharfen Messer durch. Die Hälften drückt man in der Mitte mit einem Teelöffel ein und füllt sie mit Kaviar. Die beiden Teile werden so wieder zusammengefügt, dass der Kaviar in der Mitte ganz mit Fleisch umschlossen ist. Ein wenig Öl in einer Pfanne erhitzen und die Minibouletten auf beiden Seiten kurz und scharf anbraten, damit Oberseite und Unterseite braun gebraten sind, die Mitte jedoch roh bleibt.

Ergibt 4 Stück

Als Getränk empfehlen wir Rosé Jahrgangschampagner oder jungen Rotwein mit niedrigem Tanningehalt (etwa einen Chinon Jeunes Vignes oder Cru Beaujolais).

BLÄTTERTEIGFISCHE MIT KAVIARFÜLLUNG

Die Pastetchen können auch am Vortag zubereitet und kurz vor dem Servieren aufgewärmt werden. Falls man keine Förmchen zur Hand hat, kann man auch Fischformen aus dem Teig ausschneiden.

225 g Blätterteig
30 g Mehl zum Ausrollen des Teiges
1 Eigelb
1 EL Milch
50 g Ossiotr-Kaviar

1 Den Teig auf einem leicht bemehlten Brett gleichmäßig ca. 5 mm dick ausrollen. Einfache Fischformen von etwa 8 cm Länge und 5 cm Breite ausstechen bzw. -schneiden. In der Mitte des Fischs mit einem Messer ein Oval einritzen – dies wird später ausgelöst und als Deckel für die Pastete verwendet.

2 Ein Backblech mit Backpapier auslegen. Die Fische im Abstand von 2 cm darauf legen. 20 Minuten im Kühlschrank ruhen lassen.

3 Den Backofen auf 220 °C (Gas Stufe 7) vorheizen. Eigelb und Milch verquirlen und vorsichtig auf die Fische streichen. Das Eigelb darf nicht an den Seiten herunterlaufen. Im Ofen für etwa 10 bis 12 Minuten backen, bis der Teig gut aufgegangen und goldbraun ist. Aus dem Backofen holen und mit einem scharfen Messer vorsichtig die Deckel und etwas von der Pastetenmitte herausschneiden. Die Deckel auf ein Kuchengitter legen und warm stellen.

4 Jeden Fisch mit 1/2 Teelöffel Kaviar füllen und, nach Wunsch, mit den Deckeln servieren.

Ergibt etwa 25 Stück

Als Getränk empfehlen wir Champagner, Sancerre/Pouilly-Fumé oder Chablis.

RÄUCHERLACHSSÄCKCHEN MIT KAVIAR GEFÜLLT

Die Zubereitung erfordert ein wenig Geschicklichkeit, doch der Aufwand lohnt sich und bietet auch was für's Auge.

275 g große Scheiben Räucherlachs
150 g Crème fraîche
50 g Ossiotr-Kaviar
1 Bund Schnittlauch, extra lang

1 Aus dem Räucherlachs schneidet man mit einem scharfen Messer Quadrate von 8 cm Seitenlänge.

2 In die Mitte der Quadrate gibt man 1/2 Teelöffel Crème fraîche und 1/2 Teelöffel Kaviar. Die vier Ecken des Lachses hoch ziehen, zu einem Säckchen zusammendrücken und dieses und mit je 2 Schnittlauchstangen zusammenbinden.

Ergibt etwa 10 Stück

Als Getränk empfehlen wir einen Rosé Champagner, einen Chablis, einen Sancerre/Pouilly-Fumé oder einen Mosel Riesling Kabinett.

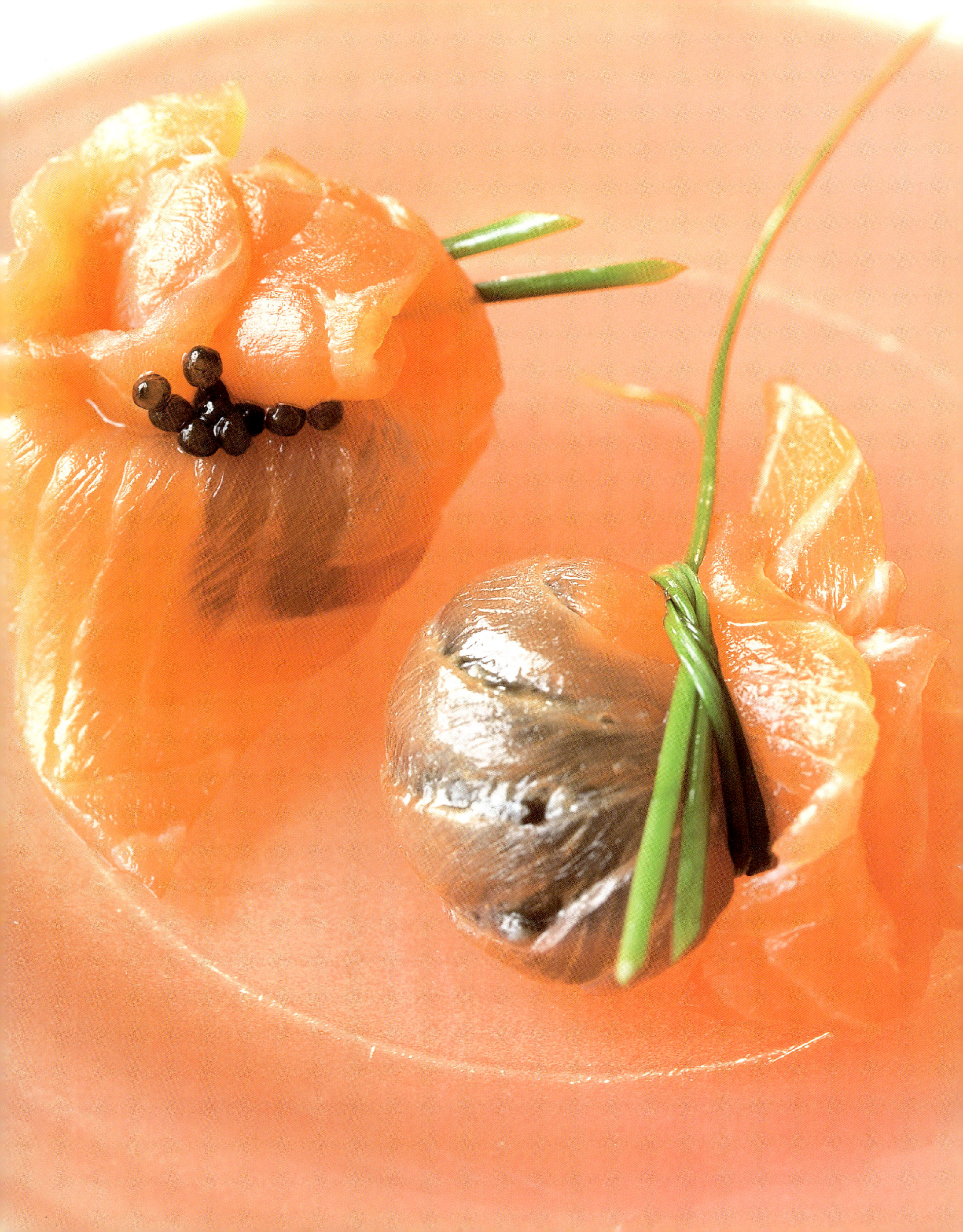

Kaviar mit Pommes

Eine eher englisch oder amerikanisch anmutende Variante des Kaviargenusses.

450 g Kartoffeln
Salz
Öl zum Frittieren
30 g Sewruga-Kaviar
30 g Crème fraîche (bei Bedarf)

1 Die Kartoffeln waschen und schälen, zu großen Pommes-frites-Stangen schneiden und diese gründlich in kaltem Wasser spülen.

2 In einer Kasserole Salzwasser zum Kochen bringen und die Kartoffelstücke ca. 6 bis 7 Minuten kochen, so dass sie noch hart sind. Abgießen und auf Küchenkrepp abtrocknen lassen.

3 In einer Fritteuse (mit Drahtkorb) das Öl erhitzen, bis es fast sprudelt. Die Kartoffeln in den Drahtkorb geben und ganz langsam in das Öl senken, damit es nicht spritzt. Etwa 5 Minuten frittieren, bis sie zart goldgelb sind. Die Kartoffeln auf mehreren Lagen Küchenkrepp abtropfen lassen. Kurz vor dem Servieren das Öl noch einmal erhitzen, die vorfrittierten Kartoffeln in den Drahtkorb geben und ein zweites Mal etwa 2 Minuten frittieren, bis sie goldbraun und knusprig sind. Auf Küchenkrepp abtropfen lassen und dabei häufig wenden, damit überschüssiges Öl vom Papier aufgesogen wird.

4 Die Pommes senkrecht anrichten und jede mit 1 Teelöffel Crème fraîche (je nach Geschmack) und 1 Teelöffel Kaviar garnieren.

Ergibt 4 Portionen

Als Getränk empfehlen wir einen Napa Valley Champagne, einen Chablis oder Wodka.

Austern mit Kaviar in Champagner

Rohe Austern mit Kaviar sind zweifellos das Aphrodisiakum schlechthin. Doch für alle, die das gewisse Extra schätzen: die Austern werden pochiert.

12 frische Austern in der Schale

Für die Champagnersauce
300 ml Fischfond
300 ml + 1 Glas Champagner
Salz, frisch gemahlener schwarzer Pfeffer
2 EL Sahne
50 g kalte Butter
125 g Ossiotr- oder Beluga-Kaviar

1 Die Austern waschen und mit einem kurzen scharfen Messer öffnen, die Flüssigkeit dabei auffangend. Die Austern aus ihrer Schale lösen und in einem Sieb über der Schüssel abtropfen lassen. Die Schalen gründlich säubern.

2 Austernsaft, Fischfond, Champagner und Salz und Pfeffer in einem Topf erhitzen und auf ca. 300 Milliliter reduzieren. Die Sahne unterrühren und nochmal kurz aufkochen. Die Austern zugeben und 1 Minute ziehen lassen. Dann herausheben und warm stellen.

3 Die Sauce durch ein Sieb gießen, kurz aufkochen und vom Herd nehmen. Die in Flocken geschnittene Butter mit einem Schneebesen unterrühren, bis die Masse glatt ist. Das Glas Champagner zugeben und locker aufschlagen.

4 Einen vorgewärmten Teller mit Steinsalz bestreuen. 6 Schalen darauf anrichten und in jede 1 Auster geben. Die Sauce darüber löffeln und mit 1 Teelöffel Kaviar garnieren.

Ergibt 4 Portionen

Reichen Sie Ihren bevorzugten Champagner.

DIP DES ARMEN MANNES

Auch ohne echten Kaviar eine feine Sache. Mit 2 bis 3 Esslöffeln Crème fraîche lässt sich aus dem Dip eine schmackhafte Sauce für ein kaltes Fischgericht zaubern.

150 g Mayonnaise
2–3 TL Zitronensaft
2 EL fein gehackte Kräuter (Basilikum, Estragon oder Dill)
1–2 TL Dijonsenf
Salz, frisch gemahlener schwarzer Pfeffer
100 g deutscher Kaviar (vom Seehasen) (schwarz oder rot)

Mayonnaise, Zitronensaft, Kräuter und Senf verrühren, mit Salz und Pfeffer abschmecken. Den Kaviar unterheben und sofort servieren.

SEWRUGA-DIP

Eine leckere Füllung für Ofenkartoffeln.

175 g Frischkäse
85 g Sauerrahm
1 Zwiebel
1/4 Bund Schnittlauch
frisch gemahlener schwarzer Pfeffer
50 g Sewruga-Kaviar

1 Die Zwiebel abziehen, vierteln und reiben sowie den Schnittlauch waschen und fein hacken. Frischkäse und Sauerrahm mit Zimmertemperatur vermengen. Die Zwiebel und den Schnittlauch unterrühren und mit Pfeffer würzen. Im Kühlschrank kalt stellen.

2 Kurz vor dem Servieren 1/2 Teelöffel Kaviar zur Garnitur beiseite nehmen, den übrigen Kaviar vorsichtig unterheben. Garnieren und sofort servieren.

AVOCADO- UND KAVIARDIP

Ein leckerer Vorspeisendip, den man sowohl als Einzelportion, als auch in der Mitte eines großen Tellers umgeben von knusprig getoasteten Weißbrotrauten anrichten kann.

3 reife Avocados
1 kleine weiße Zwiebel
1 Knoblauchzehe (nach Geschmack)
Saft von 1/2 Zitrone
1 EL Crème fraîche
1/2 TL roter Paprika edelsüß
Salz, frisch gemahlener schwarzer Pfeffer
30 g Sewruga-Kaviar

1 Die Avocados waschen und vorsichtig längs halbieren. Die Steine entfernen und das Fruchtfleisch mit einem Löffel herausschaben. Die Zwiebel (und den Knoblauch) abziehen und fein würfeln. Das Fruchtfleisch der Avocado in eine Küchenmaschine oder einen Mixer geben, den Zitronensaft und die Zwiebelwürfel hinzugeben. Solange vermischen, bis eine glatte Masse entstanden ist. Die Crème fraîche und den Knoblauch unterrühren und mit Paprika, Salz und Pfeffer würzen.

2 Den Dip auf einen Teller geben, mit Frischhaltefolie abdecken und mindestens für 1 Stunde im Kühlschrank kalt stellen. Mit Kaviar garnieren und sofort servieren.

Alle Dips reichen für 4 Portionen

Zu den Dips empfehlen wir Champagner, Chablis oder Sancerre/Pouilly-Fumé.

Crêpetartelets mit Krabben und Kaviar

Ideal als erlesene Fischvorspeise oder Snack. Die doppelte Menge der Zutaten ergibt eine köstliche Hauptspeise.

Für die Crêpes	Für die Füllung
2 Eier	1/2 Zwiebel
1/4 Bund Schnittlauch	30 g Butter
75 g Weizenmehl	50 g Weizenmehl
2 TL Öl	120 ml Milch
120 ml Milch	100 g frisches Krabbenfleisch
Öl zum Ausbacken	Salz, weißer Pfeffer (bei Bedarf)
	50 g Sewruga- oder Ossiotr-Kaviar

1 Die Eier leicht verquirlen, den Schnittlauch waschen und fein hacken. Das Mehl in eine Schüssel sieben, nach und nach unter Rühren die Eier, das Öl, die Milch und den Schnittlauch zugeben und alles zu einem glatten Teig vermischen. Zugedeckt im Kühlschrank mindestens 1/2 Stunde ruhen lassen.

2 Den Backofen auf 200 °C (Gas Stufe 6) vorheizen. Eine schwere Pfanne mit etwas Öl leicht einfetten und erhitzen. Für die Pfannkuchen etwa 2 bis 3 Esslöffel Teig in die Pfanne geben und backen, häufig wenden, bis er auf beiden Seiten goldbraun ist. Den Crêpe aus der Pfanne nehmen und beiseite legen. Mit dem restlichen Teig ebenso verfahren.

3 Mit einer Ausstechform Kreise von etwa 10 cm Durchmesser aus den Crêpes ausstechen, so dass sie als Crêpeschälchen in kleine Tarteletformen passen (am besten eignen sich hierfür Formen mit Antihaftbeschichtung). Die Crêpes in die Tarteletformen geben und im Backofen etwa 10 Minuten backen, aus den Formen lösen und auf einem Kuchengitter abkühlen lassen.

4 Für die Füllung die Zwiebel abziehen und fein würfeln. In einer Kasserole die Butter erhitzen, die Zwiebel zugeben und leicht anbraten, bis sie glasig ist. Das Mehl unterrühren und 1 Minute anschwitzen lassen. Vom Herd nehmen, nach und nach die Milch zugeben und zu einer glatten Sauce verrühren.

5 Dann das Krabbenfleisch zugeben. Die Kasserole wieder auf die Herdplatte stellen, die Füllung unter ständigem Rühren zum Kochen bringen und dabei eindicken lassen. Wer möchte mit Salz und etwas weißem Pfeffer abschmecken. Den Topf beiseite nehmen und abkühlen lassen. Die Krabbenfüllung in die Crêpeschälchen füllen und mit dem Kaviar garnieren. Sofort servieren.

Ergibt 12 Tartelets

Als Getränk empfehlen wir Jahrgangschampagner, erstklassigen weißen Burgunder (etwa Côtes de Beaune Premiers oder Grands Crus), weißen Bordeaux (etwa Graves oder Pessac-Léognan) oder einen Mosel Riesling Kabinett.

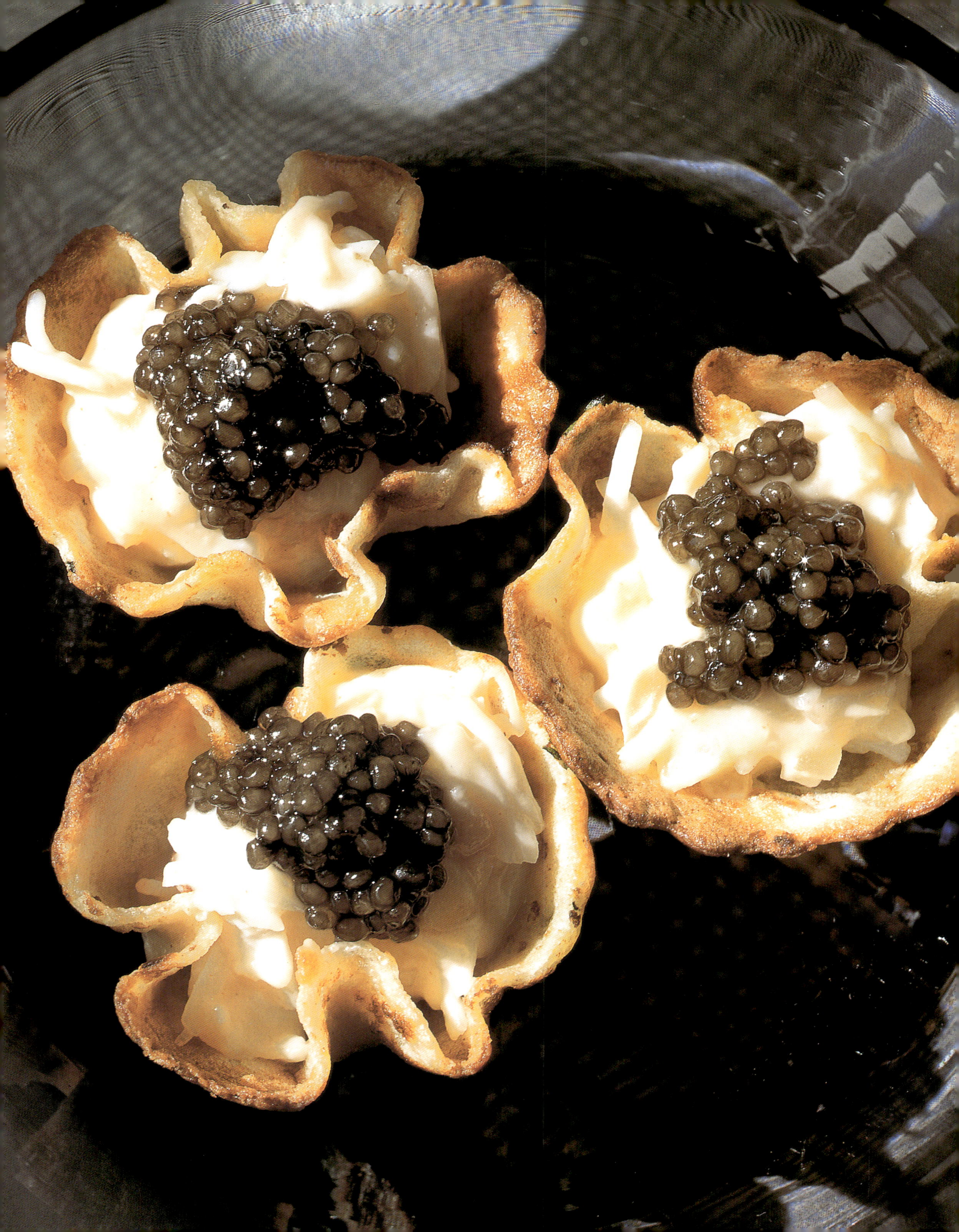

SUPPEN UND VORSPEISEN

AVOCADOCREMESUPPE MIT LACHS UND KAVIAR

Die zartgrüne Suppe mit den rosa Lachsstreifen ist eine wahre Augenweide. Eine eindrucksvolle Vorspeise mit einem Hauch von Luxus, ideal für eine Abendgesellschaft.

200 g frisches Lachsfilet
frisch gemahlener schwarzer Pfeffer
Salz
400 ml Fischfond oder klare Hühnerbrühe
1 reife Avocado
1 TL Zitronensaft
1 kleines Glas Weißwein
50 g Crème fraîche oder weißes Jogurt
30 g Sewruga-Kaviar

1 Das Lachsfilet in dünne Streifen schneiden (am besten eignet sich hierfür eine scharfe Küchenschere). Reichlich schwarzen Pfeffer darüber mahlen und mit etwas Salz würzen, beiseite stellen. Den Fond oder die Brühe in einer großen Kasserole erhitzen und warm halten.

2 Die Avocado waschen, halbieren und entsteinen. Das Fruchtfleisch mit einem Löffel herausschaben und sofort mit Zitronensaft beträufeln. In einem Mixer oder einer Küchenmaschine zerkleinern, bis eine glatte Masse entstanden ist. Die Avocadocreme zusammen mit dem Weißwein in den Fond einrühren und mit Salz und Pfeffer würzen. Mit einem Schneebesen weiterrühren, dabei kurz aufkochen lassen. Den Topf vom Herd nehmen und erneut kräftig mit dem Schneebesen aufschlagen.

3 Die Suppe in vorgewärmte Teller oder Tassen füllen. Ein paar Lachsstreifen und je 1 Esslöffel Crème fraîche oder Jogurt auf jede Portion geben. Mit einem Teelöffel etwas Kaviar darauf garnieren und sofort servieren.

Tipp Mit 1 Schuss Wodka erhält die Suppe eine besondere Note.

Ergibt 4 Portionen

Als Getränk empfehlen wir Wodka, Fino Sherry oder Sercial Madeira.

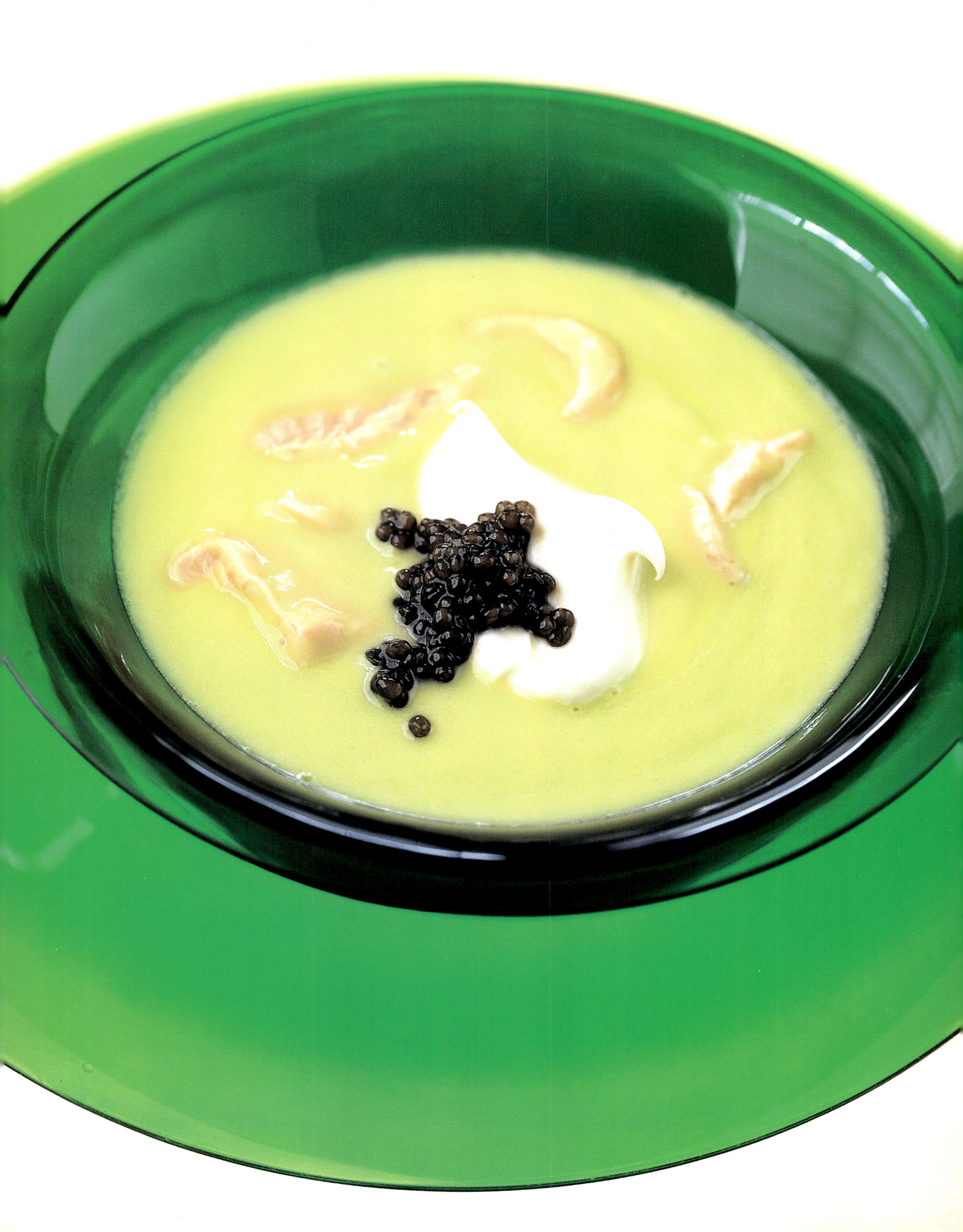

Tempura mit Aubergine, Zucchini und Kaviar

Der Geschmack der Tempura zusammen mit dem frischen, gebratenem Gemüse harmoniert wundervoll mit Kaviar. Trotz unserer anfänglichen Skepsis, überzeugte uns das Rezept durch die einfache Zubereitung und das überaus leckere Ergebnis.

1 schlanke Aubergine
etwas Salz
1 mittelgroße Zucchino
etwas leichtes Öl zum Frittieren (Sonnenblumenöl oder ein anderes pflanzliches Öl)
1/2 rote Zwiebel
100 g Crème fraîche
100 g Ossiotr- oder Beluga-Kaviar

Für den Ausbackteig
150 ml kaltes Wasser
100 g Weizenmehl
Salz, frisch gemahlener schwarzer Pfeffer

1 Die Aubergine waschen und in dünne Scheiben schneiden. Die Scheiben beidseitig mit etwas Salz bestreuen und etwa 1/2 Stunde ziehen lassen. Gut abspülen und auf Küchenkrepp trocknen lassen. Den Zucchino waschen, schälen und in Scheiben schneiden.

2 Für die Tempura: In einer Rührschüssel das Wasser mit dem Mehl, 1 Prise Salz und etwas Pfeffer verrühren. Der Teig sollte zähflüssig genug sein, damit er an den Gemüsescheiben haftet, aber nicht zu dick ist. Vor dem Ausbacken 4 Teller vorwärmen und die rote Zwiebel fein würfeln.

3 Etwa 50 Milliliter Öl in einer Bratpfanne erhitzen. Die Auberginen- und Zucchinoscheiben in den Teig tauchen und sofort ausbacken (Das Gemüse brennt leicht an, lassen Sie es nicht aus den Augen). Wenn die Gemüsescheiben auf beiden Seiten goldbraun gebraten sind, mit einem Schaumlöffel aus der Pfanne nehmen, auf Küchenkrepp gut abtropfen lassen und warm stellen. Je nach Größe der Pfanne ergeben sich drei bis vier Bratvorgänge.

4 Auf den vier vorgewärmten Tellern die ausgebackenen Auberginen- und Zuchinoscheiben zu gleichen Teilen kreisförmig anrichten. Etwas gehackte Zwiebel darüber streuen und jede Scheibe mit einem Klecks Crème fraîche und 1 Teelöffel Kaviar garnieren.

Ergibt 4 Portionen

Dazu empfehlen wir Sancerre/Pouilly-Fumé, neuseeländischen Sauvignon oder einen Clare Valley Riesling.

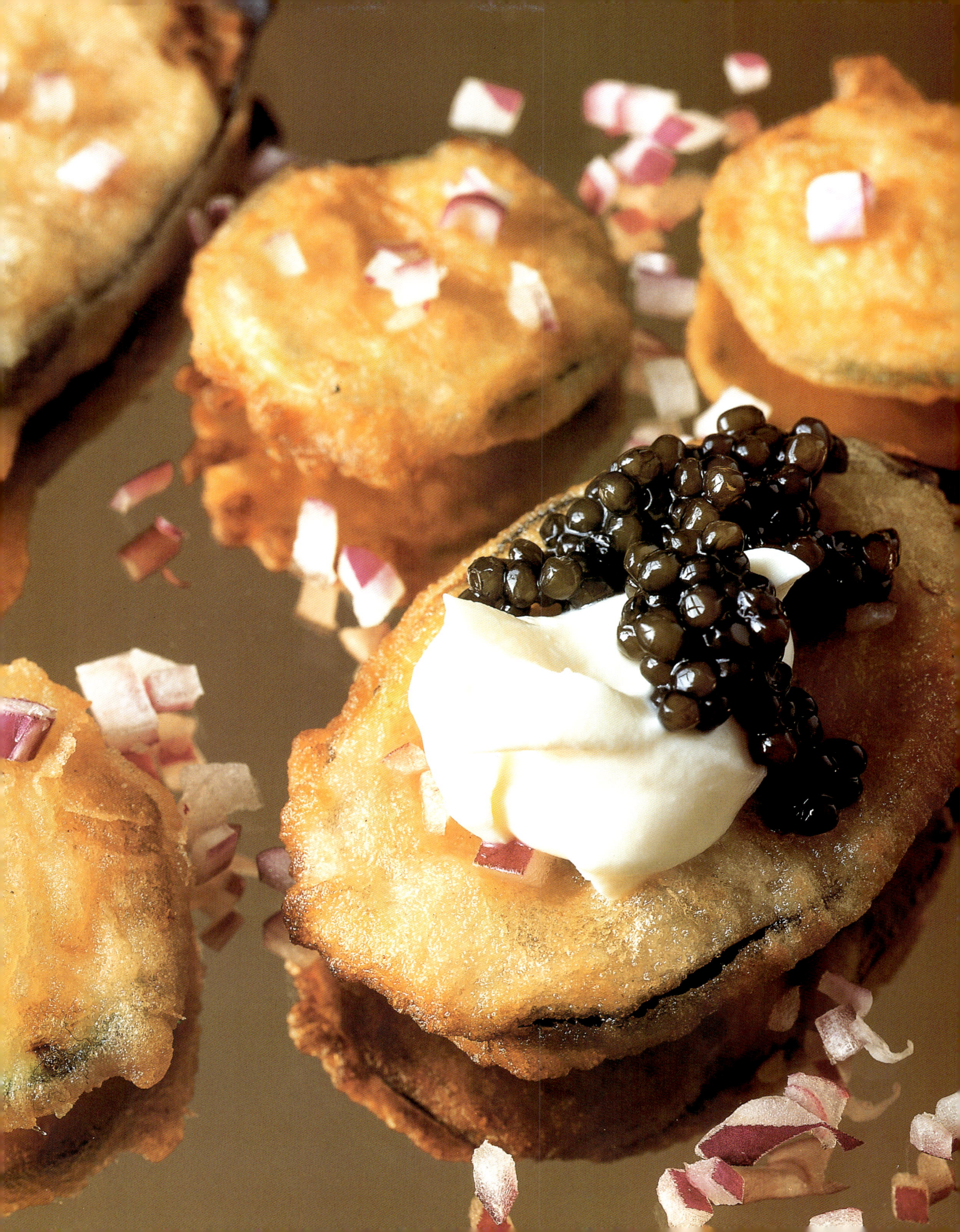

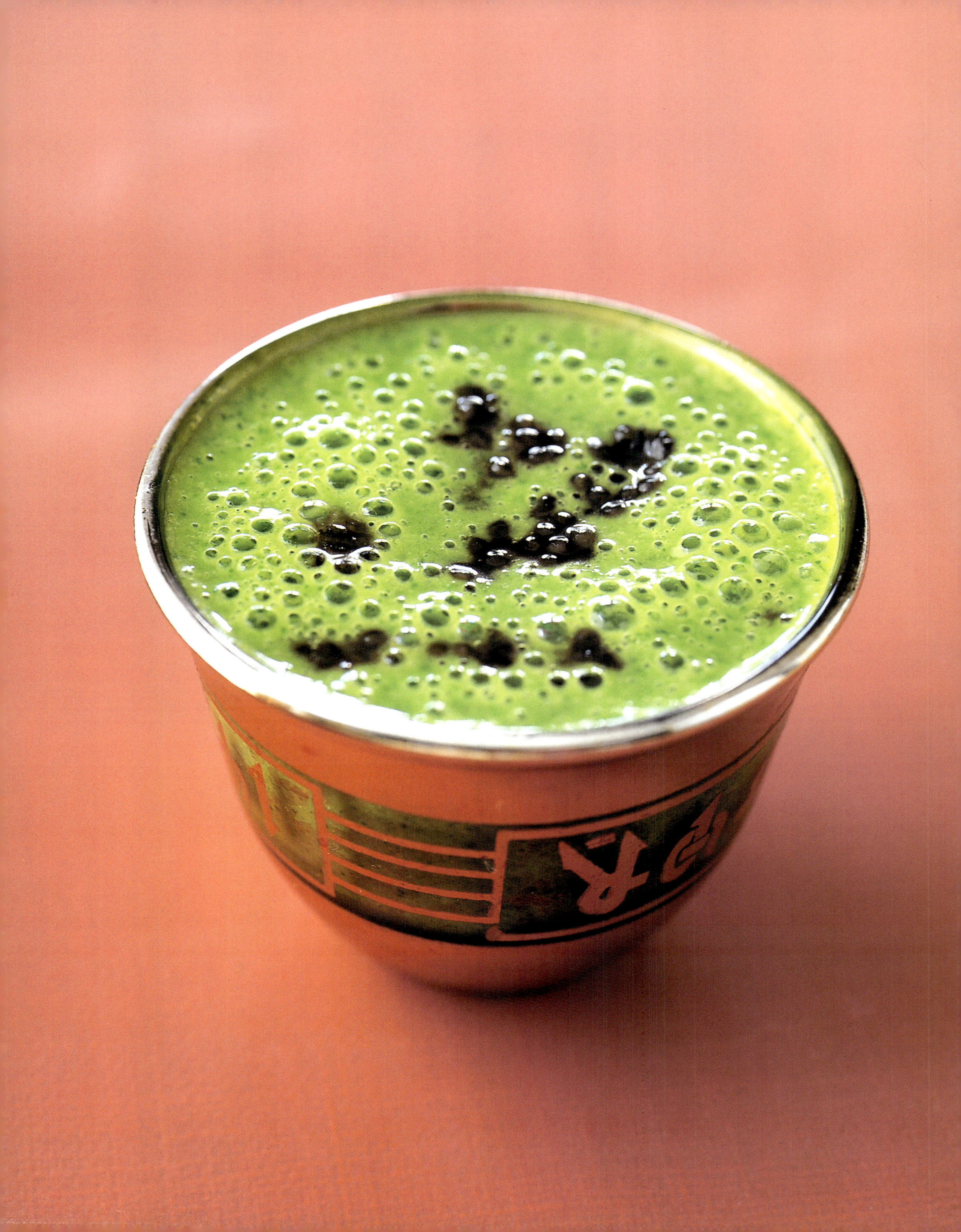

BRUNNENKRESSE À LA CAPPUCCINO MIT KAVIAR

Die Anspielung auf Cappuccino erfreut sich in vielen Restaurants mittlerweile großer Beliebtheit. Um den Effekt noch zu unterstreichen, kann man die schaumig geschlagene Suppe mit ihrem zarten Aroma in vorgewärmten Kaffeetassen servieren. Ein leichtes und kalorienarmes Gericht.

1 mittelgroße Stange Lauch
1 mittelgroße Kartoffel
2 EL Olivenöl
600 ml Gemüsebrühe
100 g frische Brunnenkresseblätter
250 g Magerjogurt
Salz, frisch gemahlener schwarzer Pfeffer
50 g Sewruga-Kaviar

1 Den Lauch waschen und in dünne Scheiben schneiden. Die Kartoffel waschen, schälen und würfeln. In einer Kasserole das Öl erhitzen und den Lauch darin leicht anbraten, bis er weich aber nicht braun ist. Die Kartoffel zugeben und einrühren. Mit der Gemüsebrühe ablöschen, kurz aufkochen und zugedeckt 15 Minuten bei geringer Hitze garen lassen. Die Brunnenkresse waschen und entstielen, in die Kasserole geben und diese sofort vom Herd nehmen.

2 Alles pürieren und wieder in die Kasserole geben, Magerjogurt zugeben und würzen. Die Suppe bei kleiner Flamme allmählich erhitzen. Für den Cappuccinoeffekt die Suppe mit einem Pürierstab schaumig schlagen. Heiß servieren und mit Kaviar garnieren.

Ergibt 4 Portionen

Als Getränk empfiehlt sich Wodka, ein erstklassiger Sauvignon Blanc oder ein Riesling.

GRATINIERTE LAUCHCREMESUPPE MIT KAVIAR

Das überbackene Sahnehäubchen und die Kaviargarnitur machen diese Suppe zu etwas wirklich Besonderem.

500 g Lauch, nur den weißen Teil
250 g Kartoffeln
30 g ungesalzene Butter
Salz
1 l klare Hühnerbrühe
300 g Sahne
frisch gemahlener schwarzer Pfeffer
50 g Sewruga-Kaviar
1/4 Bund Petersilie

1 Den Lauch waschen und in dünne Ringel schneiden. Die Kartoffeln waschen, schälen und in Scheiben schneiden. Die Butter in einer Kasserole schmelzen, Lauch und 1 Prise Salz zugeben und bei geringer Hitze ca. 10 Minuten anbraten. Die Kartoffeln zugeben, weitere 3 Minuten garen und mit der Gemüsebrühe ablöschen. Kurz aufkochen und ca. 20 Minuten ziehen lassen. 175 Gramm Sahne zugeben und weitere 10 Minuten garen. Mit einem Pürierstab die Suppe aufschlagen, mit Salz und Pfeffer würzen und warm stellen.

2 Die übrige Sahne steif schlagen. Die Suppe in backofenfeste Tassen geben und jede mit einem Sahnehäubchen versehen; im Grill überbacken, bis die Sahne leicht angebräunt ist. Kurz abkühlen lassen. Die Petersilie fein hacken. Zur Garnitur der Suppe mit kleinen Kaviarklößchen und Petersilie sofort servieren.

Ergibt 4 Portionen

Als Getränk empfehlen wir einen guten Chardonnay.

ÜBERBACKENE JAKOBSMUSCHELN MIT KAVIAR

Geschmacklich das beste Ergebnis erzielen Sie mit frischen Jakobsmuscheln, wie sie während der Saison in den Wintermonaten erhältlich sind. Doch man kann auch gefrorene Jakobsmuscheln verwenden.

175 g Lauch, nur den weißen Teil
1 1/2 EL Olivenöl
Salz, frisch gemahlener schwarzer Pfeffer
175 ml trockenen Weißwein
85 ml Wasser
450 g kleine Jakobsmuscheln (auch Pilgermuscheln) ohne Rogen
50 g weiche ungesalzene Butter

50 g Weizenmehl
85 g weißes Jogurt
2 Scheiben weißes Toastbrot
90 g Gruyère-Käse
1 Bund Schnittlauch
90 g Sewruga-Kaviar
etwas Dill zum Garnieren (bei Bedarf)

1 Den Lauch waschen, trocknen und fein schneiden. In einer mittelgroßen Kasserole das Öl erhitzen, den Lauch hineingeben und mit Salz und Pfeffer würzen. Bei mittlerer Hitze unter ständigem Rühren anschwitzen, bis der Lauch weich aber nicht angebräunt ist. Wein und Wasser zugeben, aufkochen und auf die halbe Menge einreduzieren. Die Jakobsmuscheln zugeben und bei mittlerer Hitze unter Rühren 2 bis 3 Minuten ziehen lassen, bzw. bis sie undurchsichtig werden.

2 In einer kleinen Schüssel die Butter schaumig schlagen und mit dem Mehl zu einem glatten Teig verrühren. Den Teig nach und nach unter ständigem Rühren zu den Muscheln geben, so dass keine Klümpchen entstehen. Für 2 Minuten bei geringer Hitze und unter Rühren kochen lassen. Das Jogurt zugeben, mit Pfeffer und Salz würzen und 1 weitere Minute garen. (Man kann diese Mischung bereits am Vortag zubereiten und nach dem Abkühlen abgedeckt im Kühlschrank aufbewahren.)

3 Den Grill vorheizen. Mit einem Ausstechförmchen aus dem Toastbrot 6 Kreise von etwa 3,5 cm Durchmesser ausstechen, auf beiden Seiten toasten und auf ein Kuchengitter legen.

4 Den Gruyère Käse reiben. Den Schnittlauch waschen, klein schneiden und zu den Jakobsmuscheln geben. Die Mischung in sechs backofenfeste Auflaufförmchen oder Schalen füllen. Jede Portion mit etwas Gruyère bestreuen. Die Förmchen auf ein Backblech stellen und in einer der oberen Leisten (im Abstand von etwa 10 cm vom Grill) für 3 bis 5 Minuten überbacken, bis der Gruyère geschmolzen ist und eine goldbraune Farbe angenommen hat.

5 Jeweils 1 gehäuften Teelöffel Kaviar auf die Toastscheiben geben und diese auf dem Gratin platzieren. Mit Dill garnieren und sofort servieren.

Ergibt 4 Portionen

Als Getränk empfehlen wir weißen Burgunder, halbtrockenen Vouvray oder einen Mosel Riesling Kabinett.

RÄUCHERLACHSTATAR MIT KAVIAR

Ein frisches, leichtes Gericht, das keinerlei kulinarische Kunstgriffe voraussetzt – die ideale Wahl für einen heißen Sommertag, ob als Vorspeise oder als Hauptgericht. Das Tatar kann bereits am Vortag zubereitet werden.

250 g Räucherlachs
1 unbehandelte Limette (oder Zitrone)
1 mittelgroße rote Zwiebel
30 Kapern
120 g Sauerrahm
Salz, frisch gemahlener schwarzer Pfeffer
12 Chicoréeblätter, oder 1/2 Gurke
50 g Crème fraîche
50 g Sewruga-Kaviar

1 Den Räucherlachs fein würfeln. Die Limette oder Zitrone waschen, mit einem Zestenreißer dünne Streifen von der Schale abschneiden. Die Schalenstücke in Juliennestreifen schneiden und einige Sekunden in kochendem Wasser blanchieren, damit sie ihre Farbe behalten. Abtropfen und beiseite stellen.

2 Die Limette (oder Zitrone) auspressen, die Zwiebel fein würfeln und die Kapern klein hacken. Den Lachs in einer Schüssel mit dem Zitronensaft vermengen, die Zwiebeln, Kapern, und den Sauerrahm zugeben und mit Salz und Pfeffer würzen. Die Zutaten gut durchrühren, die Masse fest an den Schüsselboden drücken und mindestens 1/2 Stunde im Kühlschrank ruhen lassen.

3 In der Zwischenzeit die Chicoréeblätter waschen und putzen bzw. die Gurke waschen, schälen und in feine Scheiben schneiden. Die Schüssel mit dem Tatar aus dem Kühlschrank nehmen und vorsichtig auf einen Teller stürzen. Das Tatar mit den Limetten- oder Zitronenstreifen, den Chicoréeblättern oder Gurkenscheiben garnieren. Mit Crème fraîche und Kaviar obenauf servieren. Dazu frischen Toast oder Brot ihrer Wahl servieren.

Tipp Man kann das Tatar auch als Einzelportion anrichten. Dazu benötigt man eine Ausstechform von 8 cm Durchmesser, platziert diese jeweils auf einem Teller und füllt sie randvoll mit Lachstatar. Die Form vorsichtig entfernen, den Vorgang wiederholen und die Teller kaltstellen. Zum Abschluss wie oben garnieren.

Ergibt 4 Portionen

Als Getränk empfehlen wir Napa Valley Champagne, Sancerre/Pouilly-Fumé, Elsässer, Clare Valley Riesling oder Wodka.

BOHNENSALAT MIT RÄUCHERLACHS UND KAVIAR

Um diesem Gericht eine besonders exquisite Note zu verleihen, sollte man Räucherlachsfilet verwenden, das innerste, zarteste und erlesenste Fleisch vom Lachs.

150 g feine grüne Bohnen
2 Schalotten
1 EL Rotweinessig
1 TL Zitronensaft
120 ml Olivenöl, kaltgepresst
Salz, frisch gemahlener schwarzer Pfeffer
300 g Räucherlachsfilet
100 g Sewruga-Kaviar

1 Die Bohnen waschen und putzen, in etwas kochendem Wasser 1 Minute blanchieren, abtropfen lassen und mit kaltem Wasser abschrecken. Auf Küchenkrepp abtrocknen und halbieren.

2 Für das Dressing: Schalotten abziehen und fein würfeln. Essig und Zitronensaft in eine Salatschüssel geben. Nach und nach Öl, Salz und Pfeffer nach Geschmack unterrühren. Die Schalotten und Bohnen zugeben, abdecken und 1/2 Stunde marinieren.

3 Das Lachsfilet schräg in etwa 1 cm breite Streifen schneiden, so dass es 3 Scheiben pro Person ergibt. Die Bohnen aus der Marinade nehmen und einen Löffel voll in der Mitte jedes Tellers häufen. Um die Bohnen jeweils 3 Scheiben Räucherlachsfilet anrichten; dazwischen je 1 Teelöffel Kaviar setzen.

Ergibt 4 Portionen

Als Getränk empfehlen wir Napa Valley Champagne, Fumé Blanc, Graves/Pessac-Léognan, Elsässer Pinot Gris.

FRITTIERTER ZIEGENKÄSE MIT LACHSKAVIAR UND SALAT

Ein Gericht, das auf der Zunge zergeht! An den meisten Käsetheken kann man Ziegenkäse am Stück kaufen. Wählen Sie eine milde Sorte, die sich leicht in Scheiben schneiden lässt.

1 milden Ziegenkäse am Stück
1 Ei
frisch gemahlener schwarzer Pfeffer
40 g Semmelbrösel
600 ml Öl (Sonnenblumen- oder Sojaöl)
Salatblätter verschiedener Blattsalatsorten
30 g Lachskaviar

1 Den Käse in 1 cm breite Scheiben schneiden. Das Ei verquirlen, pfeffern und in eine kleine flache Schale geben. In einer zweiten Schale die Semmelbrösel bereitstellen. Die Käsescheiben durch das verquirlte Ei ziehen und mit Semmelbröseln panieren.

2 Das Öl in einer Fritteuse erhitzen (Achten Sie darauf, dass das Fett nicht zu heiß wird, da sonst die Semmelbrösel herausspritzen). Die panierten Käsescheiben frittieren, bis sie knusprig goldbraun sind. Herausnehmen und auf Küchenkrepp abtropfen lassen.

3 Auf den Tellern bunte Salatblätter anrichten, die frittierten Ziegenkäsescheiben darauf geben und mit je 1 Teelöffel Lachskaviar garnieren.

Ergibt 4 Portionen

Als Getränk empfehlen wir Sancerre/Pouilly-Fumé, Chablis oder einen guten Chenin Blanc (etwa einen Savennières oder einen trockenen Vouvray).

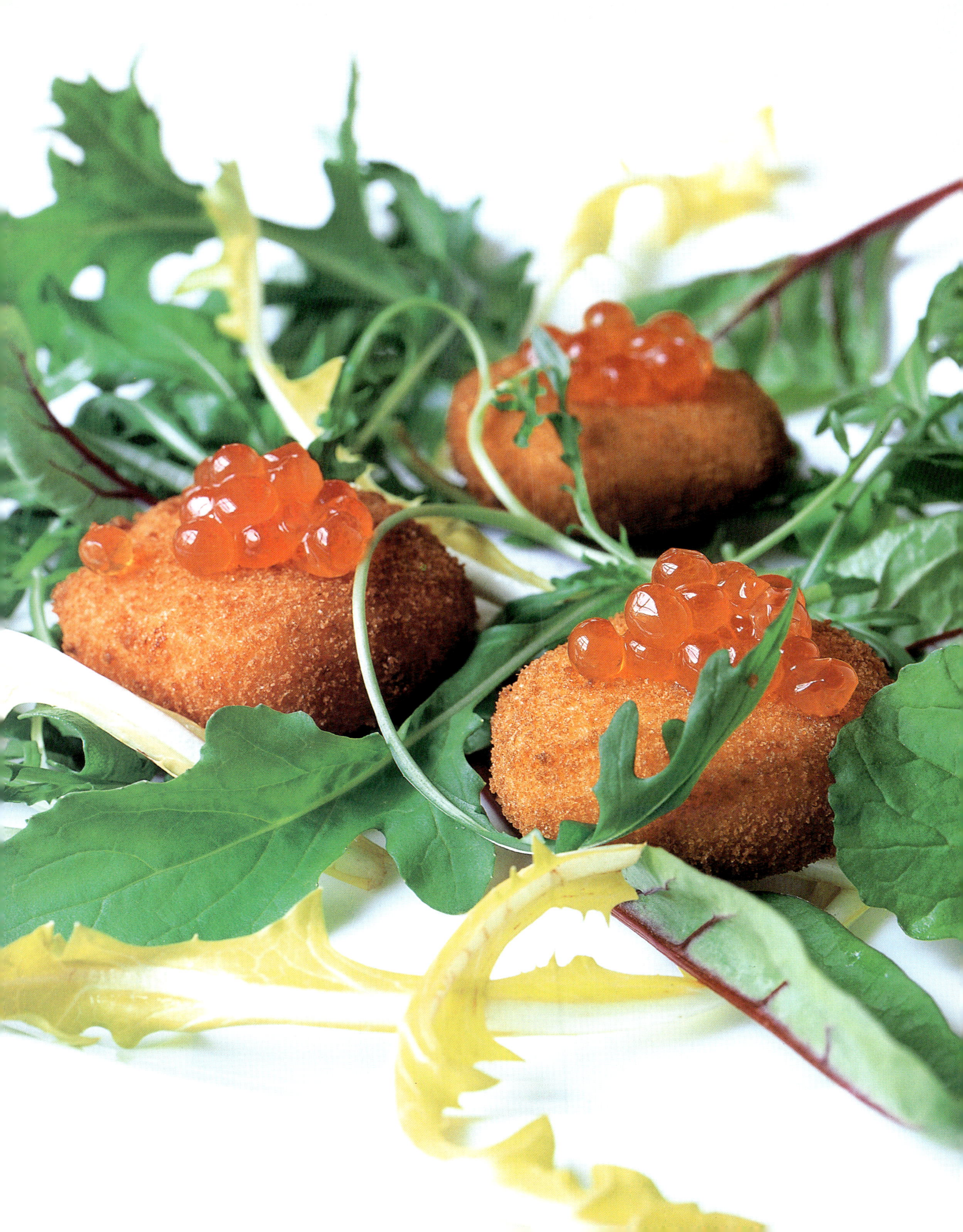

BLINIS UND TORTILLAS

Zwei Grundrezepte für Blinis und zwei weitere Blinirezepte – der »traditionellen« Beilage für Kaviar – sollen hier vorgestellt werden. Blinis kann man sehr einfach selbst zuzubereiten. Sollte man das nicht wollen, erhält man mittlerweile in den meisten Lebensmittelläden oder Supermärkten inzwischen auch fertige Blinis in verschiedenen Größen. Blinis lassen sich hervorragend einfrieren und sollten am besten nur für einige Sekunden in der Mikrowelle erwärmt werden, da sie im Backofen leicht austrocknen. Blinis kann man in jeder gewünschten Größe backen – die unten aufgeführten Rezepte reichen für sechs bis acht Personen, je nach Größe der Pfannkuchen.

EINFACHE BLINIS – GRUNDREZEPT

Anders als bei Blinis mit Buchweizenmehl gelingen mit diesem Rezept besonders glatte Blinis. Zur Abwechslung kann man dem Teig auch eine fein gewürfelte Zwiebel zugeben.

200 g Weizenmehl
1/4 TL Salz
3 Eier
400 ml fettarme Milch
50 g Butter

1 Das Mehl sieben und zusammen mit dem Salz, den Eiern und der Milch in eine Küchenmaschine oder einen Mixer geben. Die Zutaten etwa 2 Minuten zu einem glatten Teig verrühren. (Man kann die Zutaten auch in einer Rührschüssel mit der Hand vermengen, doch nimmt es mehr Zeit und erheblich mehr Kraft in Anspruch.) Den Teig durch ein Sieb in einen Krug streichen und 1/2 Stunde ruhen lassen. Da der Teig keine Hefe enthält, wird er kaum aufgehen.

2 In einer kleinen Kasserole die Butter schmelzen und ein wenig davon in eine beschichtete Pfanne geben. So viel Teig in die Pfanne geben, dass es für etwa 4 Blinis von 2 bis 3 mm Stärke reicht. Die Blinis bei mittlerer Hitze ca. 10 Minuten auf beiden Seiten backen. Sind die Blinis goldbraun, aus der Pfanne nehmen und auf ein Kuchengitter legen, wobei sie locker übereinander liegen sollten, damit sie nicht zu trocken werden. Das Kuchengitter bei schwacher Hitze in den Backofen stellen, damit die Blinis warm bleiben. Inzwischen die nächste Portion backen (falls notwendig ein wenig geschmolzene Butter in die Pfanne geben). Mit einer großen Pfanne kann man den Teig auch auf einmal ausbacken, etwa 20 Minuten auf jeder Seite. Den Pfannkuchen anschließend ein auf einem Kuchengitter abkühlen lassen und Blinis in der gewünschten Größe ausstechen oder zuschneiden.

Ergibt 6–8 Portionen

Blinis aus Buchweizenmehl und Weizenmehl

Die original russischen Blinis wurden nur mit Buchweizenmehl hergestellt, doch Buchweizenmehl hat eine ausgeprägte, leicht bittere Note, die man unter Zugabe von herkömmlichem Weizenmehl abschwächen kann (ohne dabei auf den charakteristischen Blinigeschmack zu verzichten).

250–300 ml Milch
50 g Weizenmehl
100 g Buchweizenmehl
1/2 TL Salz
1 1/2 TL Trockenhefe oder 10 g frische Hefe
4 EL lauwarmes Wasser (bei Verwendung von frischer Hefe)
50 g Butter und etwas Butter zum Braten
2 Eier
2 EL Sauerrahm

1 In einer Kasserole 175 Milliliter Milch aufkochen, den Topf vom Herd nehmen und abkühlen lassen. In der Zwischenzeit die beiden Mehlsorten in eine Schüssel sieben, das Salz zugeben und gut vermengen.

2 Bei der Verwendung von frischer Hefe diese mit dem lauwarmen Wasser vermischen und ca. 5 Minuten stehen lassen, bis sich an der Oberfläche Blasen bilden. Bei Verwendung von Trockenhefe wird diese zu dem Mehl gegeben. Sonst drückt man eine Vertiefung in das Mehl und gibt die Hefewassermischung sowie die lauwarme Milch hinein. Das Mehl nach und nach mit der Hefe, dem Wasser und der Milch vermengen, die Mischung ca. 2 Minuten zu einem glatten Teig schlagen. Den Teig mit einem feuchten Tuch abdecken und an einem warmen Ort ca. 2 bis 3 Stunden gehen lassen, bis sich sein Volumen verdoppelt hat.

3 In einer Kasserole die Hälfte der Butter schmelzen und dann ein wenig abkühlen lassen. Die Eier trennen. In den aufgegangenen Teig weitere 50 Milliliter Milch gut unterschlagen. Die Eigelbe, den Sauerrahm und die geschmolzene Butter zugeben und den Teig solange rühren, bis er glatt und weich ist. Sollte der Teig zu zäh sein (so dass er nicht fließt), noch etwas Milch zugeben.

4 Eiweiß sehr steif schlagen und vorsichtig nach und nach unter den Teig heben. In einer Pfanne die Hälfte der übrigen Butter zerlassen und genug Teig zugeben, um gleich große Blinis (kleine, mittlere oder große) zu backen. Haben die Blinis eine leicht goldbraune Farbe erreicht, wenden und auf der anderen Seite fertig backen. Beiseite stellen und warm halten. Bei Bedarf vor dem nächsten Backvorgang etwas Butter in die Pfanne geben.

Ergibt 6–8 Portionen

Tortillahörnchen mit Räucherlachs und Kaviarsalsa

Ein einfaches Gericht, das höchst appetitlich aussieht und ausgesprochen leicht in der Zubereitung ist. Man kann sehr gute Weizenmehltortillas fertig kaufen, daher ist dieses Rezept ideal für vielbeschäftigte Genießer.

3 Eier
1/2 rote Zwiebel
100 g Räucherlachs
100 g Crème fraîche
frisch gemahlener schwarzer Pfeffer
8–12 Weizenmehltortillas
8–12 Cocktailsticks
50 g Sewruga-Kaviar
50 g Lachskaviar
frische grüne Salatblätter
etwas Dill oder Schnittlauch und Zitrone als Garnitur

1 Die Eier hart kochen (ca. 10 Minuten), pellen und fein schneiden. Die Zwiebelhälfte fein hacken. Den Räucherlachs würfeln und in einer Schüssel mit Crème fraîche, Zwiebel, Eiern und etwas Pfeffer verrühren. Die Mischung im Kühlschrank fest werden lassen (1/2 Stunde).

2 Eine Tortilla nehmen, zu einem Trichter rollen, mit der Lachsmischung füllen und mit einem Cocktailsticker feststecken. 1 oder 2 gefüllte Tortillas auf einem Teller anrichten und in die offene Seite je 1 Teelöffel Sewruga- und Lachskaviar geben. Mit frischen Salatblättern, Dill oder Schnittlauch und Zitronenvierteln garnieren.

Ergibt 4 Portionen

Als Getränk empfiehlt sich Elsässer oder Clare Valley Riesling, Wodka oder ein Helles

Kaviar mit traditionellen Beilagen

In einigen Restaurants reicht man zu diesem Gericht kleine gekochte Kartoffeln – die französische Kartoffelsorte pommes de rats oder neue Jersey-Royal-Kartoffeln eignen sich hierfür am besten. Ein Teller mit warmen Blinis sollte in keinem Fall fehlen.

2 große Eier
Salz
1 Bund Petersilie
1 große rote Zwiebel
40–50 g Kaviar pro Person
(nach Wunsch auch mehr)
150 g Sauerrahm
1 Zitrone

1 In einer Kasserole die Eier in kaltes Salzwasser geben und ca. 10 Minuten garen. In der Zwischenzeit die Petersilie waschen und fein hacken sowie die Zwiebel abziehen und sehr fein würfeln. Die Eier in kaltem Wasser einige Minuten abschrecken, pellen und das Eigelb vorsichtig aus dem Eiweiß herauslösen. Eiweiß und Eigelb getrennt voneinander fein schneiden.

2 Am Rand der vier Portionsteller das gehackte Eiweiß, Eigelb, die Petersilie und die Zwiebel anrichten, so dass in der Mitte Platz für den Kaviar bleibt, den man erst unmittelbar vor dem Servieren zugeben sollte. Den Sauerrahm entweder auf den Tellern platzieren oder in einer Schüssel dazu reichen. Nach Wunsch mit Zitronenvierteln garnieren.

Ergibt 4 Portionen

Als Getränk empfehlen wir Napa Valley Champagne, guten Sauvignon, Chardonnay (ohne Eichenholznote) oder Wodka.

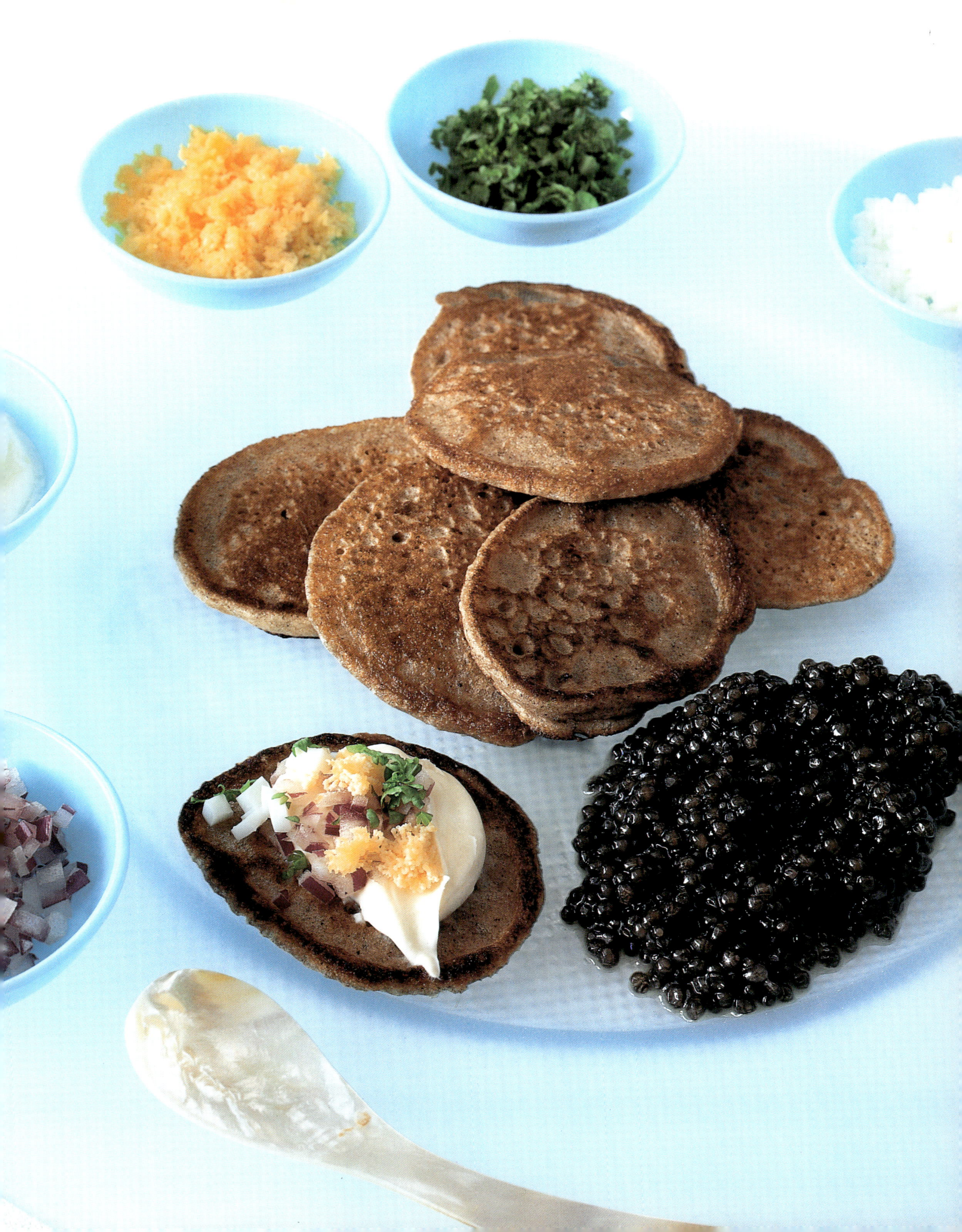

TEIGGERICHTE

Pastete mit Räucherlachs, Lachsmousse, Fíllo und Kaviar

Ein wahrlich exklusives »Clubsandwich«.

50 g Butter
8 Blätter Fíllo
50 g Schnittlauch
8 große Scheiben Räucherlachs
100 g Räucherlachsstückchen
150 g Sahne
Salz, frisch gemahlener schwarzer Pfeffer
50 g Ossiotr-Kaviar

Für die Sauce
2 Schalotten
150 g Sauerrahm
frisch gemahlener schwarzer Pfeffer

1 Den Backofen auf 220 °C (Gas Stufe 7) vorheizen. Die Butter zerlassen. Den Fílloteig auslegen und mit einer 8-cm-Ausstechform 24 Kreise ausstechen. 12 Kreise auf ein Backblech legen und mit der geschmolzenen Butter bestreichen; die übrigen 12 Kreise darauf legen. Im Ofen ca. 5 Minuten goldbraun backen. (Vorsicht, verbrennen leicht!). Die Pastetchen aus dem Ofen nehmen und auf einem Kuchengitter abkühlen lassen.

2 Den Schnittlauch waschen und in Röllchen schneiden. Die Räucherlachsscheiben auslegen und mit derselben Ausstechform 12 Kreise ausstechen (3 pro Person). Die Lachskreise mit Frischhaltefolie abdecken und beiseite stellen. In einem Mixer die Räucherlachsstücke und die Reste von den Scheiben grob zerkleinern. Bei niedriger Stufe nach und nach die Sahne zugeben. Die Mischung in eine Schüssel gießen, den Schnittlauch unterrühren und mit Salz und Pfeffer würzen. Im Kühlschrank kalt stellen. Für die Sauce die Schalotten abziehen und fein würfeln, Sauerrahm zugeben und mit Pfeffer abschmecken.

3 Auf Tellern je 1 Fíllopastetchen anrichten und mit je 1 Lage aus Räucherlachscreme und 1 Lachskreis bedecken. Dann erneut eine Pastetchenschicht oben auf geben. Den Vorgang pro Portion 2-mal wiederholen, so dass insgesamt vier dreistufige Pasteten entstehen. Zum Abschluss diese exklusiven »Clubsandwiches« mit reichlich Kaviar garnieren.

Ergibt 4 Portionen.

Als Getränk empfehlen wir Napa Valley Champagne, Sancerre/Pouilly-Fumé oder Chablis.

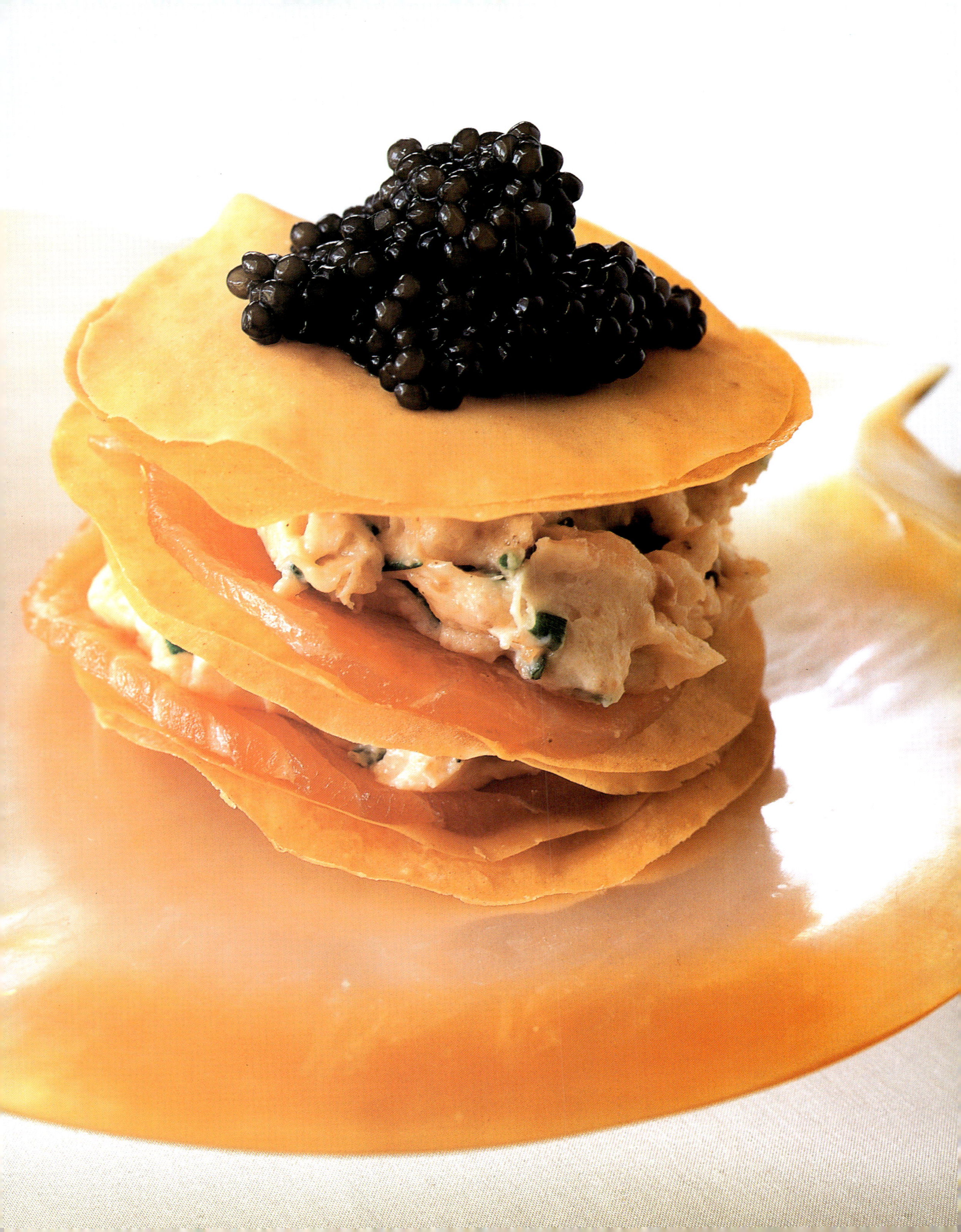

Cremige Rührei-Kaviar-Quiche

Statt der kleineren Portionsformen eignet sich auch eine Pizzaform mit 20 cm Durchmesser.

40 g Butter und etwas mehr zum Einfetten
30 g Weizenmehl
1 Päckchen (225 g) Mürbeteig
30 g Räucherlachs
1/4 Bund Petersilie
5 Eier
1 EL Crème fraîche
Salz, frisch gemahlener schwarzer Pfeffer
50 g Sewruga-Kaviar

1 Den Backofen auf 180 °C (Gas Stufe 4) vorheizen. Kleine Pizzaförmchen mit Butter einfetten. Auf der bemehlten Arbeitsfläche den Mürbeteig ausrollen und Kreise entsprechend der Größe der Pizzaförmchen ausstechen. Die Teigkreise in die Förmchen geben und ca. 15 Minuten backen. In der Zwischenzeit den Räucherlachs fein schneiden, die Petersilie waschen und fein hacken. Die Förmchen aus dem Ofen nehmen, die Teigschalen herauslösen und auf ein Backblech legen. Den Backofen auf 50 °C zurückschalten.

2 Die Eier verquirlen. Butter in einer Kasserole erhitzen, die Eier zugeben und solange rühren, bis die Eier zu stocken beginnen. Den Topf vom Herd nehmen und sofort Crème fraîche, Lachs und Petersilie zugeben, mit Salz und Pfeffer würzen.

3 Die Rühreier in die Teigschalen füllen und im Backofen bis zum Servieren warm stellen. Mit Kaviar garniert servieren.

Ergibt 4 Portionen

Als Getränk empfehlen wir Rosé Champagner oder Chablis Premier Cru. Premier Cru.

Pasteten mit Kabeljau und Kaviar

Es eignen sich alle Arten von Fertigpasteten, die köstliche Füllung muss man selbst zubereiten.

1/4 Bund Schnittlauch
1/4 Bund Petersilie
120 ml Milch
100 g geräucherten Kabeljau,
enthäutet und entgrätet
2 Eigelbe
1 EL Mayonnaise
100 g geriebenen Emmentaler oder Gruyère
1/2 TL Dijonsenf
1 Packung (gefrorene)
Miniblätterteigpastetchen
1 Eiweiß
125 g Sewruga-Kaviar

1 Schnittlauch und Petersilie waschen und fein hacken. Die Milch erwärmen und den Kabeljau darin ca. 5 Minuten dünsten; dann abtropfen und abkühlen lassen, im Mixer zerkleinern und mit den Eigelben und der Mayonnaise verrühren. Kräuter, Käse und Senf zugeben und gut vermischen. Die Füllung im Kühlschrank aufbewahren.

2 Die Blätterteigpastetchen entsprechend der Anleitung auf der Packung auftauen und backen, allerdings ca. 5 Minuten kürzer, so dass sie noch nicht ganz goldbraun sind. Die Deckel abschneiden und beiseite legen.

3 Das Eiweiß sehr steif schlagen und unter die Fischmischung heben. Die Füllung in die Pasteten geben und bei 180 °C (Gas Stufe 4) ca. 10 Minuten backen. Abkühlen lassen und mit je 1 Teelöffel Kaviar garniert servieren.

Ergibt 4 Portionen

Dazu passen: Pouilly-Fuissé, Sauvignon-Sémillon Verschnitt oder einen Fumé Blanc.

Kaviar und Garnelenkörbchen

Dieses Gericht enthüllt eine leckere Überraschung, da der Kaviar unter der Garnelencreme versteckt ist. Für die Zubereitung eignet sich auch Lachs- oder Forellenkaviar.

2 große Fíllo-Blätter
40 g Butter
10 große gekochte Garnelen
1/4 Bund Petersilie
120 g Sahne
120 ml Milch
1 EL Stärkemehl
1 TL Dijonsenf
Salz, schwarzer Pfeffer
125 Ossiotr-Kaviar

1 Den Backofen auf 200 °C (Gas Stufe 6) vorheizen und kleine Backförmchen einfetten. Die Teigscheiben in etwa 7 cm breite Streifen und diese zu Quadraten schneiden und mit einem sauberen feuchten Tuch bedecken. Die Butter zerlassen und die Teigquadrate damit bestreichen. Je 4 Quadrate schräg übereinander schichten und vorsichtig in die gefetteten Förmchen legen, so dass eine Art Körbchen entsteht. Mit den übrigen Teigvierecken ebenso verfahren und die so geformten Körbchen ca. 5 Minuten backen, bis sie leicht goldbraun sind. Die Förmchen aus dem Ofen nehmen, die Körbchen herausnehmen und auf einem Kuchengitter abkühlen lassen. Die Fíllokörbchen können bis zu 2 Tage vor dem Verzehr vorbereitet werden.

2 Die Garnelen waschen und klein schneiden, sowie die Petersilie waschen und fein hacken. In einer Kasserole die Sahne mit der Milch und dem Stärkemehl kräftig verrühren, die Garnelen zugeben und unter stetem Rühren aufkochen, bis die Sauce eindickt. Mit Senf, Petersilie und Salz und Pfeffer würzen. Auf Raumtemperatur abkühlen lassen.

3 Jeweils 1 Teelöffel Kaviar in die Teigkörbchen geben, mit der Garnelencreme bedecken und im auf vorgeheizten Backofen bei 180 °C (Gas Stufe 4) ca. 5 Minuten überbacken.

Ergibt 4 Portionen

Als Getränk empfehlen wir Jahrgangschampagner oder erstklassigen weißen Burgunder (etwa einen Puligny-Montrachet).

LACHSTARTE MIT KAVIAR

Diese Lachstarte schmeckt einfach nach mehr. Man kann den Teig selbst zubereiten oder einen der vielen hervorragenden Tiefkühlteige verwenden, die mittlerweile überall erhältlich sind. Für ein Gericht für 4 bis 6 Personen benötigt man eine Pizzaform mit 25 cm Durchmesser und Antihaftbeschichtung. Als Beilage empfehlen wir einen knackigen Chicoréesalat mit Kresse.

Für den Teig
175 g Weizenmehl
100 g Butter
1 Eigelb
3–4 EL eiskaltes Wasser
1 Prise Salz
Fett für die Form

Für die Füllung
200 g Lachs, enthäutet und entgrätet
500 g frische Spinatblätter oder 200 g TK-Blattspinat
25 g weiche Butter
1 Ei
1 Eigelb
100 ml Milch
125 g Frischkäse
Salz, schwarzen Pfeffer
1 Prise Muskatnuss
100 g Sewruga-Kaviar

1 Das Mehl in eine Schüssel sieben. Weiche Butterflocken über das Mehl verteilen und mit der Hand zu einem Teig vermengen. Eigelb, Wasser und Salz zugeben. Gut durchkneten. Den fertigen Teig mit Alufolie abdecken und im Kühlschrank ca. 1 Stunde ruhen lassen.

2 Eine Pizzaform mit Butter einfetten. Auf einem bemehlten Brett den Teig zu einem Kreis von ca. 30 cm Durchmesser ausrollen. Den Kreis in die Form geben, so dass er ein wenig übersteht. Vorsichtig in die Form drücken und den überstehenden Teig mit einem scharfen Messer abschneiden. Den Boden einige Male mit einer Gabel anstechen, damit er keine Blasen wirft. Den Teig erneut für ca. 15 Minuten in den Kühlschrank stellen. Den Backofen auf 220 °C (Gas Stufe 7) vorheizen. Eine Folie, etwas größer als die Pizzaform, zuschneiden und auf den Teig geben. Mit Reis oder trockenen Bohnen beschweren und den Teig ca. 15 Minuten backen, bis er zart goldbraun ist. Die Folie abnehmen, den Backofen auf 190 °C (Gas Stufe 5) zurückdrehen und weitere 5 bis 8 Minuten backen. Herausnehmen, den Backofen noch angeschaltet lassen.

3 Für die Füllung den Lachs in Streifen schneiden. Den Spinat entstielen und in kaltem Wasser waschen (Tiefkühlspinat auftauen und abtropfen lassen). In einer Kasserole die Butter schmelzen und den frischen Spinat darin 3 bis 4 Minuten garen, bis er zusammenfällt. Vom Herd nehmen und abkühlen lassen. (Tiefkühlspinat muss nicht vorgekocht werden).

4 Ei, Eigelb, Milch und Frischkäse miteinander vermengen. Salzen und pfeffern und mit Muskatnuss abschmecken. Kräftig durchrühren und die Lachsstreifen unterheben.

5 Die Teigschale mit einer Spinatschicht belegen und mit der Quichecreme fast bis zum Rand auffüllen. Die Tarte ca. 1/2 Stunde backen, bis sie goldbraun ist. Die Tarte ist fertig, wenn sich ein hinein gestochener Spieß blank wieder herausziehen lässt. Etwas abkühlen lassen, mit Kaviar bestreichen und servieren.

Ergibt 4 Portionen

Als Getränk empfehlen wir Napa Valley Champagne, einen Pouilly-Fuissé oder weißen Bordeaux (etwa Graves/Pessac-Léognan).

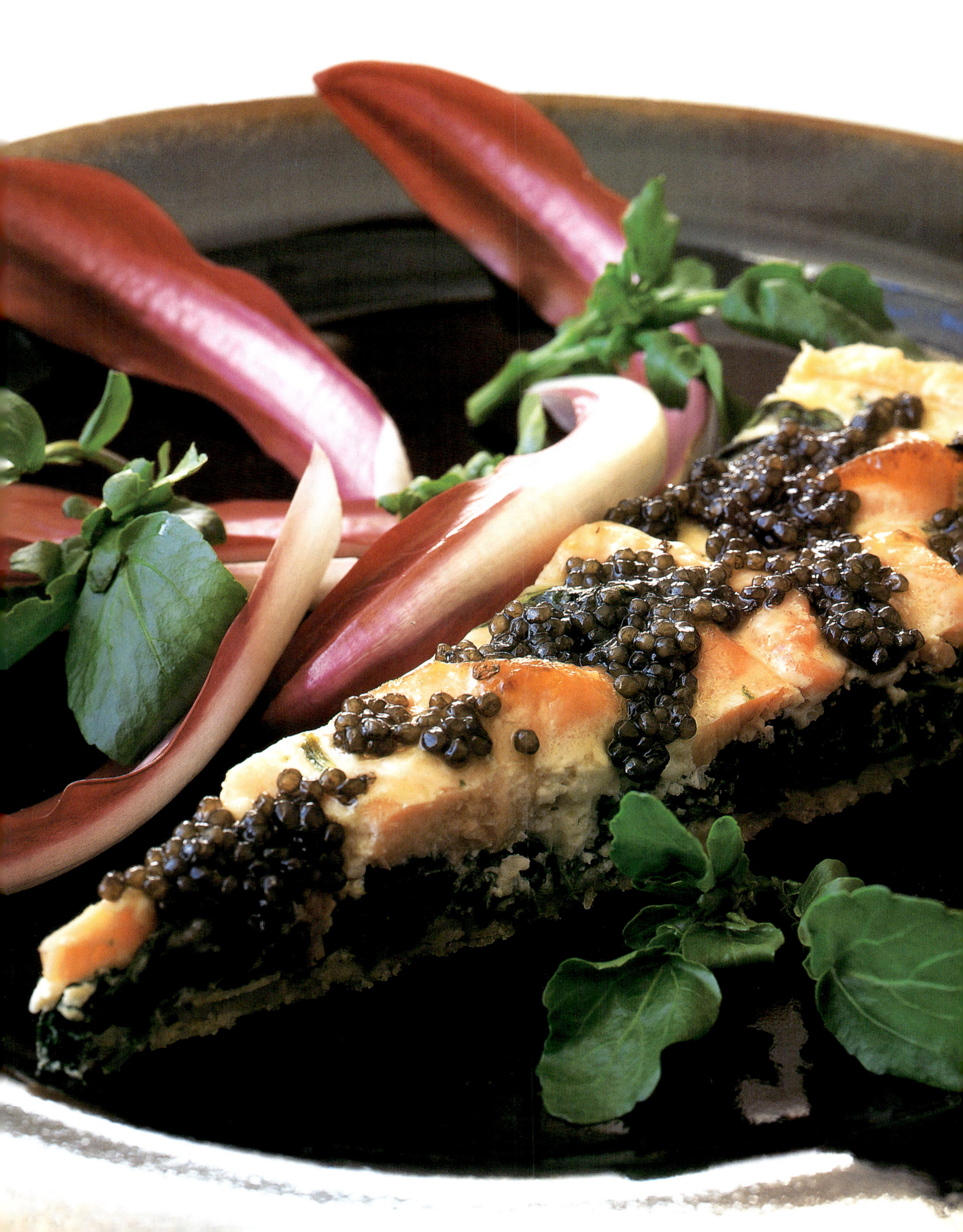

EIERSPEISEN

LOCKER-FLOCKIGES KAVIAROMELETT

Ein Genuss schon bei der Zubereitung. Allerdings am besten im Kreise guter Freunde zu genießen, die sich in oder nicht weit von der Küche entfernt aufhalten sollten, da es sofort verzehrt werden muss. Besonders rasch geht es, wenn man den Grill und zwei Herdplatten vorheizt, bevor man die Omelettmasse vorbereitet. Zwei ofenfeste Bratpfannen von ca. 20 cm Durchmesser werden benötigt. Als Beilage empfehlen wir knusprigen Toast.

1 Bund Schnittlauch
1 Bund Petersilie
200 ml Frischkäse
1/2 TL Zitronensaft
Salz, frisch gemahlener schwarzer Pfeffer
125 g Räucherlachs
125 Ossiotr, Beluga- oder Sewruga- Kaviar nach Wunsch
8 große Freilandeier
2 EL kaltes Wasser
4 EL Butter
Petersilienspitzen zum Garnieren

1 Den Schnittlauch und die Petersilie waschen und fein hacken (jeweils ca. 2 Esslöffel), in den Frischkäse einrühren und mit einigen Tropfen Zitronensaft und frisch gemahlenem Pfeffer würzen. Den Räucherlachs grob in Stücke schneiden und mit dem Kaviar bereit stellen, bis die Omeletts fertig sind. Den Grill und zwei Herdplatten bei hoher Temperatur vorheizen und vier Teller vorwärmen.

2 Die Eier trennen, die Eigelbe in einer mittelgroßen Schüssel mit dem kalten Wasser und etwas Salz und Pfeffer leicht verquirlen. In einer zweiten Schüssel das Eiweiß sehr steif schlagen. Mit einer Spachtel das Eiweiß nach und nach unter die Eigelbmasse heben.

3 In den Pfannen etwas Butter zerlassen und jeweils ein Viertel der Eimasse hineingeben, so dass der Boden bedeckt ist. Etwa 1 bis 2 Minuten braten, bis das Omelett zart goldbraun ist. Die Pfannen kurz unter den Grill halten, bis die Omeletts aufgehen und auf der Oberseite leicht anbräunen. Die Omeletts sofort auf einen vorgewärmten Teller geben und die beiden nächsten Omeletts so rasch wie möglich ebenso zubereiten.

4 Jedes Omelett mit einem Viertel des Frischkäses bestreichen und ein Viertel des grob geschnittenen Räucherlachses darauf geben. Vorsichtig zusammenfalten und mit 1 gehäuften Teelöffel Kaviar und etwas Petersilie garnieren.

Ergibt 4 Portionen

Als Getränk empfehlen wir Napa Valley Champagne, weißen Burgunder oder erstklassigen Elsässer Pinot Blanc.

Rührei mit Hummer und Kaviar

Wirklich gute Rühreier sind eine echte Köstlichkeit – mit Kaviar werden sie zu einem kulinarischen Höhepunkt. Sie sollten leicht cremig sein, und wenn man sie richtig zubereitet, schmecken sie sowohl warm als auch kalt. Der Hummer verleiht diesem Gericht das gewisse Extra an Geschmack und Biss.

200 g ungesalzene Butter
150 ml Wasser
1 Hummer
8 Eier
100 g Sahne
Salz, frisch gemahlener schwarzer Pfeffer
junge grüne Salatblätter zum Garnieren
50 g Beluga-Kaviar

1 In einer Kasserole die Butter schmelzen, 50 Milliliter Wasser hinzufügen, damit der Hummer nicht anbrennt. Die Hummerscheren in die Butter geben. Für ca. 5 Minuten zugedeckt bei geringer Hitze garen. Den Hummerschwanz dazugeben und für weitere 4 Minuten kochen. Mit einem Schaumlöffel den Hummer herausheben, beiseite legen und etwas abkühlen lassen. Das Hummerfleisch aus dem Panzer und den Scheren lösen. Die Schalen im Hummersud unter Zugabe von 100 Milliliter Wasser ohne Deckel kochen, bis das Wasser verdampft ist. Die Hummerbutter durch ein feines Sieb gießen, damit keine Schalenreste darin verbleiben, und abkühlen lassen.

2 In einer Rührschüssel die Eier mit der Sahne, etwas Salz und Pfeffer sowie der abgekühlten Hummerbutter verrühren. 2 Hummerscheren längs halbieren und beiseite legen, das übrige Schwanz- und Scherenfleisch des Hummers in kleine Stücke schneiden.

3 Die Eier in eine beschichtete Kasserole geben und unter ständigem Rühren mit einem hölzernen Kochlöffel braten. Wenn sie heiß sind, aber noch nicht stocken, das geschnittene Hummerfleisch zugeben und rühren, bis die Eier eine dicke cremige Konsistenz haben.

4 Auf vorgewärmten Tellern einige frische grüne Salatblättern legen. Das Hummerrührei in der Mitte des Tellers anrichten. Die Rühreier mit den Scherenhälften und etwas Kaviar garnieren und sofort servieren.

Ergibt 4 Portionen

Als Getränk empfehlen wir erstklassigen Jahrgangschampagner.

Rührei mit Trüffeln und Kaviar auf Brioche

Der Geschmack und das Aroma von frischen Trüffeln mit Kaviar und Rühreiern ist ein aufregender Gaumenschmauß, den man einfach probiert haben muss!

8 Freilandeier
Salz, frisch gemahlener schwarzer Pfeffer
30 g Butter
1 1/2 EL Sahne
einen frischen Briochelaib als Toast
1 frischen Trüffel
50 g Beluga- oder Ossiotr-Kaviar

1 Die Eier in eine Schüssel aufschlagen und würzen. Mit einem Schneebesen kräftig verquirlen, bis sie schaumig sind. Die Butter in einer beschichteten Kasserole zerlassen und die Eier zugeben. Bei kleiner Hitze unter stetem Rühren mit einem hölzernen Kochlöffel braten bis die Eier zu stocken beginnen. Vom Herd nehmen und rasch die Sahne unterheben. Warm stellen und in der Zwischenzeit das Brioche toasten.

2 Auf vier vorgewärmten Tellern die Rühreier in der Mitte aufhäufeln. Mit einem scharfen Messer den Trüffel in sehr dünne Scheiben schneiden und fächerförmig auf das Rührei geben. Pro Person mit 1 Teelöffel Kaviar garnieren und mit frisch getoasteten Briochescheiben servieren.

Ergibt 4 Portionen

Als Getränk empfehlen wir gereiften Jahrgangschampagner.

Weichgekochte Eier mit Kaviar

Lassen Sie sich von diesen Variationen zu einem romantischen Frühstück inspirieren. Ideal auch als leichter Start in den Tag oder einfach um sich zu Verwöhnen.

1 großes Freilandei ca. 6 Minuten kochen. Das Ei mit einem Sägemesser köpfen und mit 10 Gramm Beluga-Kaviar pro Person garnieren. Dazu dünne Streifen weißes Toastbrot reichen. Kaviar und Ei verschmelzen zu einer köstlichen Mischung.

Eine etwas üppigere Variante
1 kleine Schalotte
1/2 Bund Schnittlauch
4 große Freilandeier
etwas Salz und weißen Pfeffer
65 g Crème fraîche
60 g Ossiotr-Kaviar

1 Die Schalotte abziehen und fein würfeln, den Schnittlauch waschen und die Hälfte davon in feine Röllchen schneiden. Die Eier köpfen und den Inhalt in eine Schüssel gießen. Die leeren Schalen vorsichtig waschen, trocknen und beiseite stellen. Die Eier leicht verquirlen, Schalotte zugeben und in einer beschichtete Kasserole garen. Mit einem Schneebesen kräftig schlagen, bis die Eier zu stocken beginnen. Vom Herd nehmen, würzen, Crème fraîche und Schnittlauchröllchen unterrühren.

2 Die Eierschalen in Eierbechern anrichten, jede Schale zu drei Viertel mit der Eimischung füllen. Den übrigen Schnittlauch auf 5 cm Länge zuschneiden, 4 bis 5 dieser Stücke auffächern und senkrecht auf einer Seite in das Ei stecken. Jedes Ei mit 1 gehäuften Teelöffel Kaviar garnieren und sofort servieren.

Ergibt 4 Portionen

Dazu empfehlen wir Jahrgangschampagner.

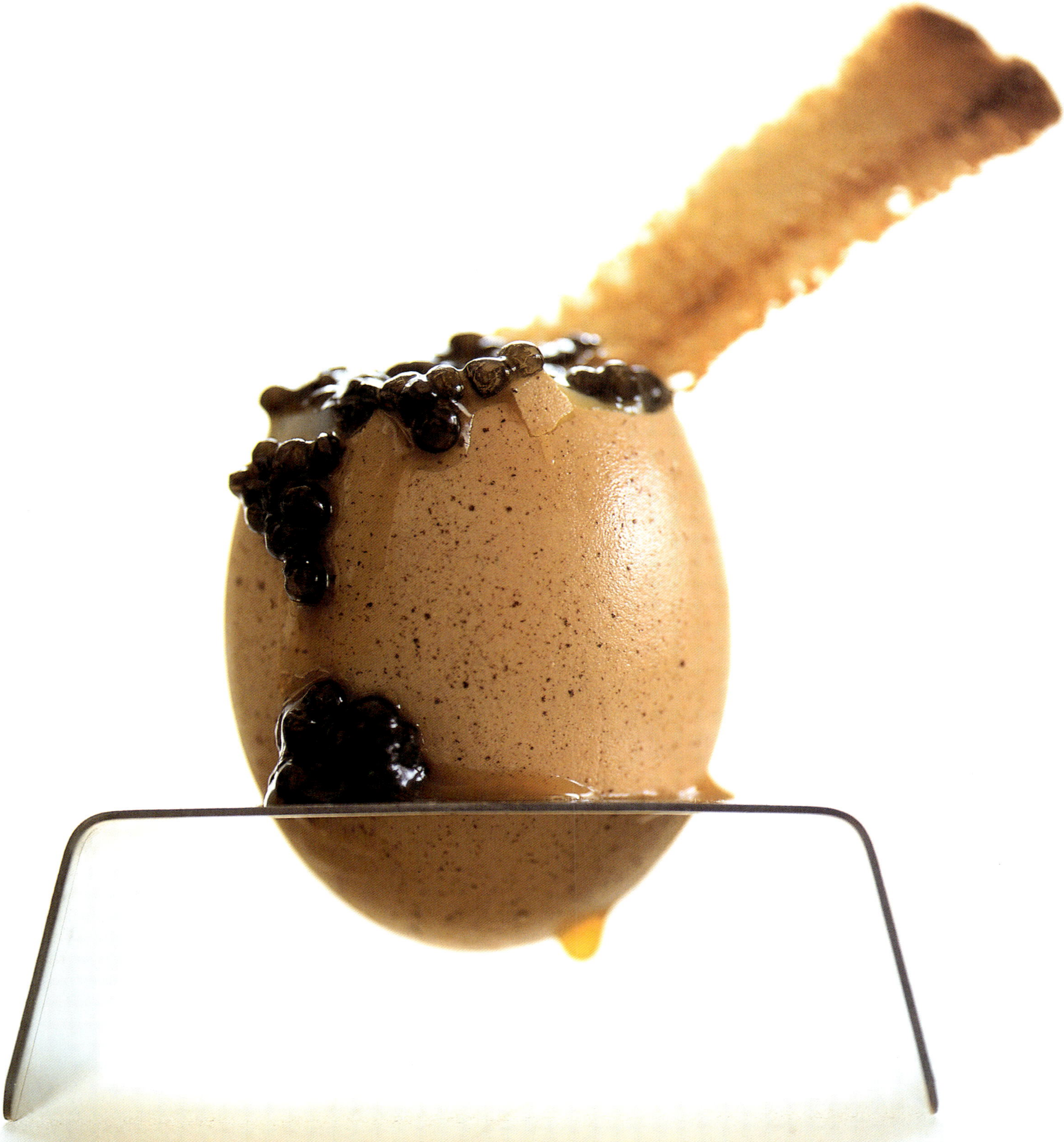

Pochierte Hühnereier mit Kaviar auf Kartoffelpüree und Sauce hollandaise

Die Sauce hollandaise liefert den idealen Rahmen für das Kartoffelpüree
in diesem luxuriösen Gericht.

450 g Kartoffeln
Salz
2 Frühlingszwiebeln (nach Wunsch)
50 g gesalzene Butter
frisch gemahlener schwarzer Pfeffer
2 EL Sahne mit reduziertem Fettgehalt
120 ml Milch
Sauce hollandaise (siehe Seite 148)
4 große Freilandeier
2 EL weißen Essig (falls keine Pochierpfanne zur Verfügung steht)
125 g Sewruga-Kaviar

1 Die Kartoffeln waschen, schälen und vierteln, in eine große Kasserole mit Salzwasser geben, aufkochen und ca. 20 Minuten bei mittlerer Hitze weich kochen. In der Zwischenzeit kann man, falls gewünscht, die Frühlingszwiebeln abziehen und fein würfeln. Die Kartoffeln abgießen und mit einem Stampfer oder einer Kartoffelpresse zu einem glatten, klumpenfreien Brei zerdrücken.

2 Die Butter, 1 kräftige Prise Salz und reichlich schwarzen Pfeffer zugeben. Sahne, Milch und – nach Geschmack – die Frühlingszwiebeln zugeben und mit einer Gabel unterrühren. Das Püree noch einmal kräftig durchschlagen, bis es cremig und leicht ist. Beiseite stellen und warm halten.

3 Die Sauce hollandaise zubereiten. Eine beschichtete Pochierpfanne zur Hälfte mit Wasser füllen und dieses zum Sieden bringen. Die einzelnen Pfännchen mit etwas Butter einfetten, die Eier in die Pochierpfanne aufschlagen und mit Pfeffer würzen. Zugedeckt ca. 3 Minuten ziehen lassen, bis die Eier nicht mehr durchsichtig sind. Falls keine Pochierpfanne zur Verfügung steht, kann man die Eier auch in einer Kasserole pochieren. Hierfür einen Topf zu drei Viertel mit Wasser füllen, 2 Esslöffel weißen Essig zugeben und rasch aufkochen lassen. Die Hitze zurücknehmen, und die Eier in das nur noch leicht siedende Wasser aufschlagen, dabei jedes Ei einzeln vorsichtig hineingleiten lassen. Nach dem Eintauchen das Eiweiß mit einem Löffel um das Eigelb in Form halten. Jedes Ei ca. 3 Minuten pochieren. Mit einem Schaumlöffel herausnehmen und auf Küchenkrepp abtropfen lassen.

4 Auf vier vorgewärmten Tellern etwas Kartoffelpüree aufhäufen. Die Sauce hollandaise um das Püree gießen und obenauf je 1 pochiertes Ei anrichten. Den Kaviar in 4 gleichgroße Portionen teilen und die Eier damit garnieren.

Ergibt 4 Portionen

Als Getränk empfehlen wir Napa Valley Champagne, Premier oder Grand Cru Chablis.

Wachteleier in einem Nest aus frittiertem Gemüse mit Kaviar

Eine leichte aber recht beeindruckende Vorspeise.

16 Wachteleier
2 mittelgroße Möhren
2 mittelgroße Sellerieknollen
Saft von 1 Zitrone
300 ml leichtes Öl (z. B. Sonnenblumenöl)
2 Bund Schnittlauch
200 g Sahne
200 g Sauerrahm
Salz, schwarzer Pfeffer
zarte grüne Salatblätter zum Garnieren
50 g Beluga-Kaviar

1 In einer Kasserole Wasser zum Kochen bringen. Die Wachteleier in einem Drahtkorb ca. 1 1/2 Minuten darin garen lassen, mit kaltem Wasser abschrecken und pellen.

2 Die Möhren und den Sellerie putzen, waschen und entweder mit dem Raspelaufsatz der Küchenmaschine oder einem sehr scharfen Messer in lange dünne Juliennestreifen schneiden. Die Zitrone auspressen und die Hälfte des Saftes zusammen mit dem Juliennegemüse in eine Schüssel geben.

3 Öl in einer Fritteuse mit Drahtkorb erhitzen. Den Zitronensaft von dem Gemüse abgießen. Die Juliennestreifen mit Küchenkrepp trocken tupfen, zu kleinen Nestern formen und in den Drahtkorb der Fritteuse legen. Wenn das Öl heiß ist, die Nester eintauchen und ca. 1 Minute frittieren. Aus dem Öl heben und auf mehreren Lagen Küchenkrepp gut abtropfen lassen.

4 Schnittlauch waschen und einige besonderes schöne Halme beiseite legen. Den Rest in feine Röllchen schneiden. Sahne und Sauerrahm mit dem restlichen Zitronensaft verrühren und nach Geschmack würzen. Kräftig mit dem Schneebesen schlagen, bis die Mischung ein wenig steif ist; dann den geschnittenen Schnittlauch unterheben.

5 Ein zartes Salatblatt leicht in Öl und in ein paar Tropfen Balsamico Essig wenden und auf einem Teller anrichten. In der Mitte des Tellers ein Nest platzieren und jeweils 4 Wachteleier hineingeben. Die Eier großzügig mit der Sahnesauce übergießen und jedes Nest mit einem Viertel des Kaviars garnieren. Die Schnittlauchhalme in 6 cm lange Stücke schneiden, aus 4 bis 5 Stück einen Fächer formen und diesen senkrecht zwischen die Eier stecken.

Ergibt 4 Portionen

Als Getränk empfehlen wir Napa Valley Champagne, weißen Bordeaux (etwa Graves/Pessac-Léognan) oder Sauvignon Blanc (z. B. einen Sancerre/Pouilly-Fumé).

KARTOFFELGERICHTE

KARTOFFELSALAT MIT KAVIAR

Eine köstliche Beilage zu jedem Fischgericht, vor allem zu kaltem Hummer.

450 g fest kochende Kartoffeln
Salz
75 g Schnittlauch
200 g Mayonnaise
frisch gemahlener schwarzer Pfeffer
30 g Sewruga-Kaviar

1 Die Kartoffeln waschen, schälen und in einem großen Topf mit Salzwasser ca. 20 Minuten kochen. Abgießen und abkühlen lassen.

2 Den Schnittlauch waschen und in feine Röllchen schneiden. Wenn die Kartoffeln kalt sind, diese in ca. 3 mm starke Scheiben schneiden. Mit einem Ausstechförmchen Kreise von 2,5 cm Durchmesser ausstechen. In einer Schüssel Kartoffeln, Schnittlauch, Mayonnaise und Pfeffer vermengen (da der Kaviar bereits salzig ist, sollte man mit der Zugabe von Salz zurückhaltend sein).

3 Zum Schluss vorsichtig den Kaviar unterheben, wobei je 1 Teelöffel als Garnitur zurückbehalten wird. Der Kartoffelsalat kann mehrere Stunden vor dem Essen vorbereitet und im Kühlschrank aufbewahrt werden, den Kaviar sollte man allerdings erst kurz vor dem Servieren dazugeben.

Ergibt 4 Portionen

Als Getränk empfehlen wir Napa Valley Champagne, Elsässer Pinot Blanc, guten weißen Burgunder oder weißen Bordeaux.

OFENKARTOFFEL MIT KAVIAR

Ein sehr einfaches Gericht, doch in gewisser Hinsicht auch etwas ganz Besonderes. Ein englischer Lord mit Charisma becircte seine Freundinnen mit den auserlesenen, reichlich mit Kaviar garnierten Ofenkartoffeln. Man sagt, seine Erfolgsrate sei enorm gewesen.

2 große Lagerkartoffeln
1/2 rote Zwiebel (nach Wunsch)
75 g gesalzene Butter
2 EL Crème fraîche oder Sauerrahm
125–250 g Beluga-Kaviar

1 Den Backofen auf 180 °C (Gas Stufe 4) vorheizen. Die Kartoffeln kräftig abbürsten und mit einer Gabel einstechen. Etwa 1 1/2 bis 2 Stunden backen, bis sie außen knusprig und innen weich und flockig sind.

2 In der Zwischenzeit, falls gewünscht die rote Zwiebel abziehen und die Hälfte fein würfeln. Die Kartoffel aufschneiden, seitlich zusammendrücken, Butter darauf geben und sie in die Kartoffel fließen lassen. 1 Esslöffel Crème fraîche oder Sauerrahm und nach Geschmack 1 Esslöffel rote Zwiebel darübergeben und mit Kaviar garnieren.

Ergibt 2 Portionen

Als Getränk empfehlen wir eine Flasche edlen Rosé Champagner – da kann keine(r) widerstehen!

Kartoffelpfannkuchen mit Kaviar und Beurre-Blanc-Weißweinsauce

Es gibt viele Arten von Kartoffelpfannkuchen. Doch dieses Gericht ist eine sündige Vorspeise, der ein schlichter Hauptgang folgen sollte. Pfannkuchen, Kaviar und Weißweinsauce verbinden sich zu einem erhabenem Gaumenschmauß.

500 g Kartoffeln
Salz fürs Kochwasser und 1/2 TL Salz
50 ml Milch
Beurre-Blanc-Weißweinsauce (siehe Seite 142)
75 g Weizenmehl und etwas Mehl für die Arbeitsfläche
1/2 TL Backpulver
150 g Butter
50 g Sahne
1/4 Bund Schnittlauch
50 g Sewruga- oder Ossiotr-Kaviar

1 Die Kartoffeln waschen, schälen, vierteln und in kochendem Salzwasser etwa 20 bis 25 Minuten garen. Abgießen und mit der Milch zu Püree verarbeiten. Abkühlen lassen.

2 Die Beurre-Blanc-Weißweinsauce vorbereiten und warm stellen.

3 Das Mehl in eine große Schüssel sieben, Salz und Backpulver zugeben. 50 Gramm Butter einarbeiten, das Kartoffelpüree unterheben und die Sahne glatt einrühren. Die Mischung mit den Fingern durchkneten und 6 gleich große Kugeln daraus formen. Auf einer bemehlten Arbeitsfläche die Kugeln auf ca. 5 mm Dicke ausrollen und halbieren. 50 Gramm Butter in einer großen Pfanne erhitzen und die Pfannkuchen bei schwacher Hitze 8 bis 10 Minuten auf beiden Seiten goldbraun braten. Sie sollten gut durchgebraten, aber außen nicht zu dunkel sein. Auf vorgewärmten Tellern im Backofen warm stellen. Mit den übrigen Kartoffelteigportionen ebenso verfahren.

4 Den Schnittlauch waschen und in 2,5 cm lange Stücke schneiden. Auf vorgewärmten Tellern jeweils einen Kartoffelpfannkuchen anrichten, mit der Beurre-Blanc-Weißweinsauce übergießen, so dass sie den Pfannkuchen umfließt. Einen 2. Pfannkuchen darauf geben und mit jeweils 1 gehäuften Teelöffel Kaviar garnieren, Schnittlauch darüber streuen. Sofort servieren.

Ergibt 4 Portionen

Als Getränk empfehlen wir Jahrgangschampagner, erstklassigen weißen Burgunder oder Elsässer Pinot Blanc.

KARTOFFELRÖSTIS MIT RÄUCHERLACHS, WACHTELEIERN UND KAVIAR

Diese Röstis eignen sich hervorragend als Lunch oder leichte Hauptspeise.

Für die Röstis
450 g Kartoffeln
1 rote Zwiebel
2 Eigelbe
Salz, schwarzer Pfeffer
etwas Olivenöl zum Braten

Für den Belag
Olivenöl zum Braten
4 Wachteleier
100 g Räucherlachs
65 g Crème fraîche
100 Sewruga- oder Ossiotr-Kaviar

1 Die Kartoffeln waschen, schälen und in eine Schüssel raspeln. Die Kartoffelraspel in reichlich Wasser ausspülen, so dass die Stärke etwas ausgewaschen wird; dann in einem Sieb abgießen, abtropfen lassen und in ein sauberes Geschirrtuch einschlagen.

2 Die Zwiebel abziehen und reiben. Zusammen mit den Kartoffelraspeln und den Eigelben vermengen und mit Salz und Pfeffer pikant würzen.

3 Etwas Olivenöl in einer Pfanne erhitzen. Aus dem Röstiteig 8 gleich große Kugeln formen und diese leicht flach drücken. Die Röstis bei mittlerer Hitze auf beiden Seiten goldbraun braten. Aus der Pfanne nehmen, auf Küchenkrepp abtropfen lassen und auf einem vorgewärmten Teller im Backofen warm stellen.

4 Etwas mehr Öl in der Pfanne erhitzen, vorsichtig die Wachteleier aufschlagen und in dem Öl etwa 1 bis 2 Minuten braten. Beiseite stellen und warm halten.

5 4 Teller vorwärmen. Den Räucherlachs in grobe Stücke schneiden. Auf den vorgewärmten Tellern jeweils 2 Röstis platzieren. Auf das 1. Rösti 1 Teelöffel Crème fraîche geben und mit einem Viertel des Räucherlachses garnieren. Auf dem 2. Rösti das Wachtelspiegelei mit 2 Teelöffel Kaviar anrichten. Sofort servieren.

Ergibt 4 Portionen

Als Getränk empfehlen wir Champagner, einen erstklassigen Sauvignon Blanc, Fino Sherry oder Wodka.

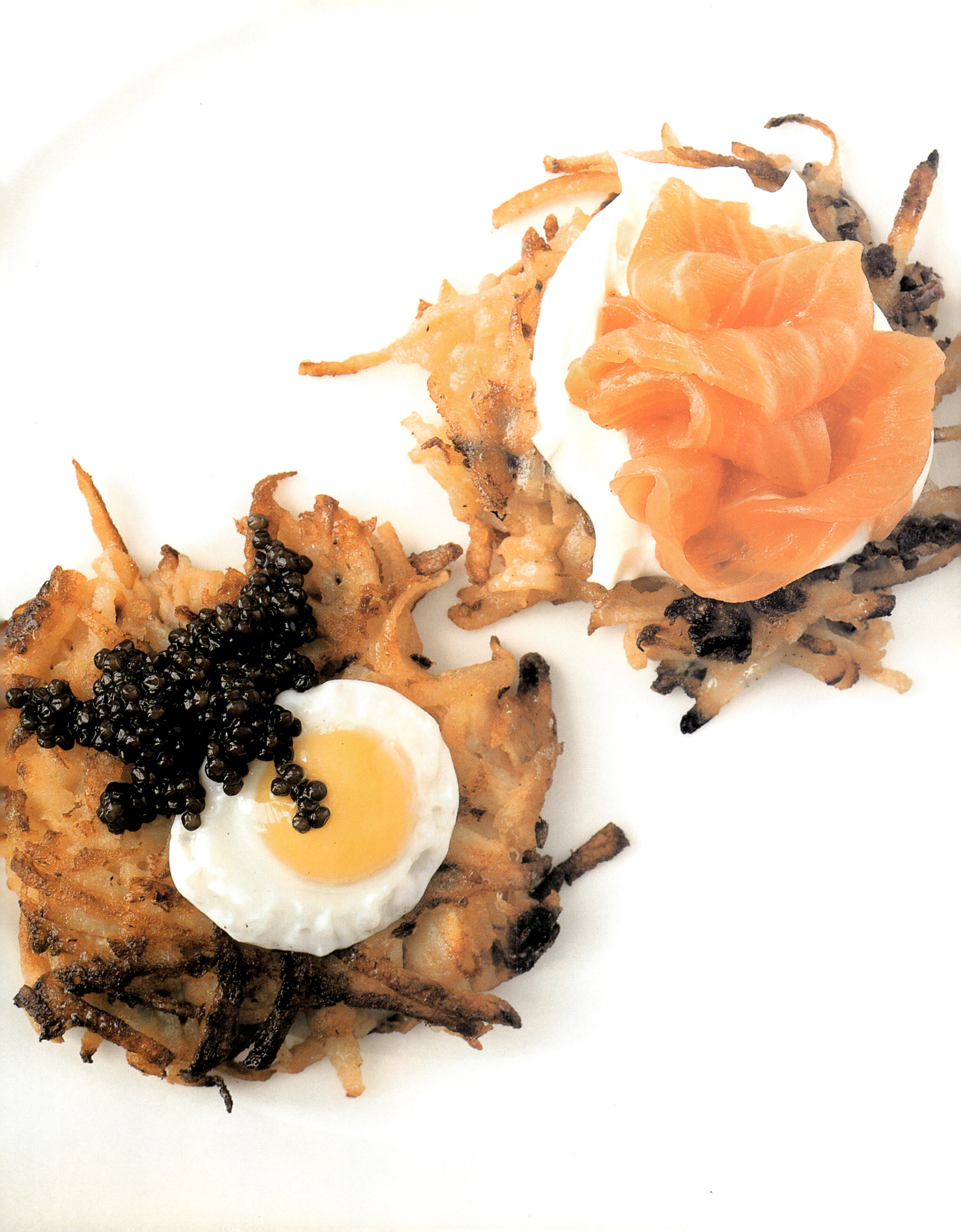

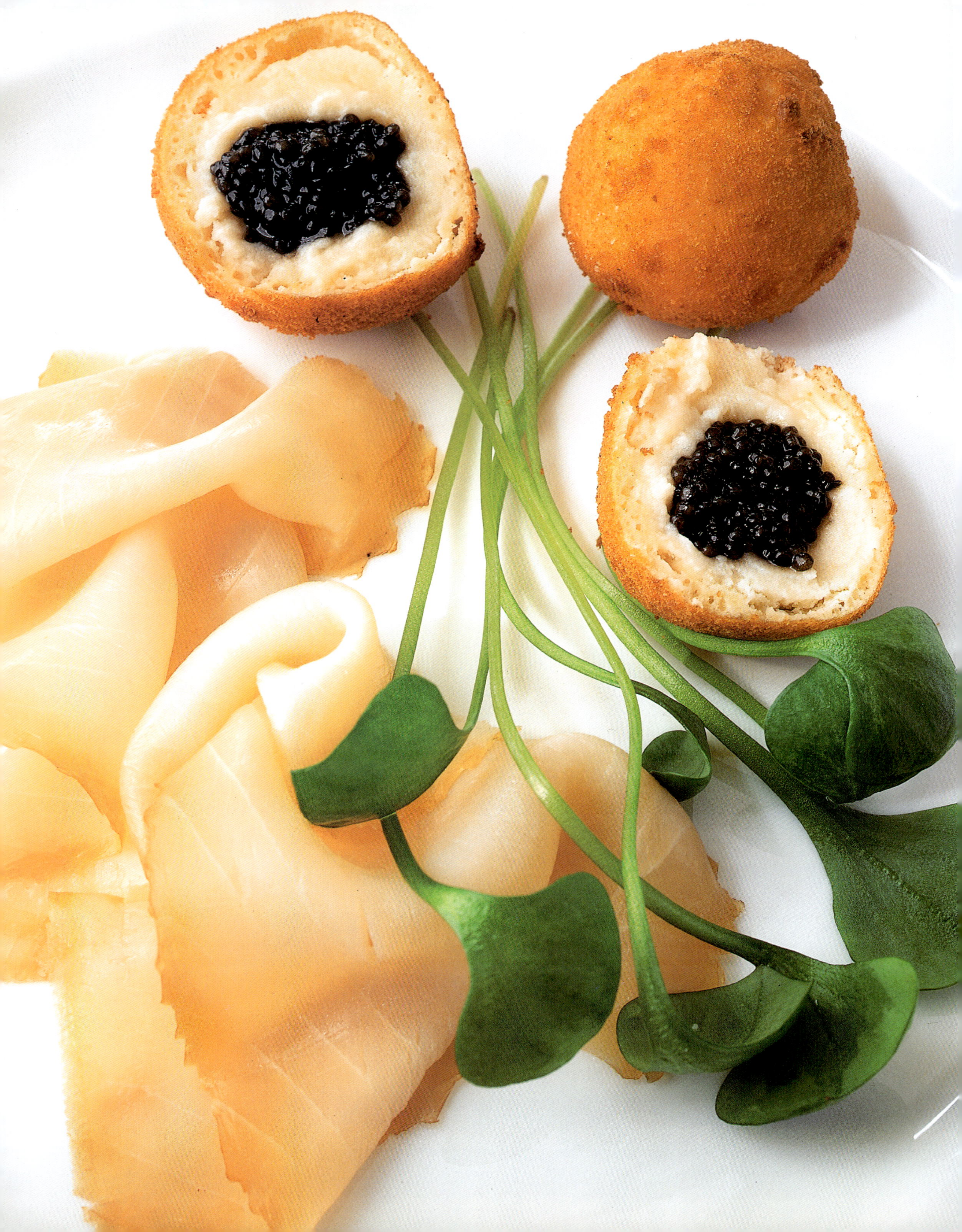

FRITTIERTE KARTOFFELBÄLLCHEN MIT KAVIARFÜLLUNG

Der Schlüssel zu diesem Rezept ist die kurze abschließende Frittierphase. Sewruga-Kaviar eignet sich am besten für dieses Gericht, da seine Eier durch kurzes Erhitzen nicht so leicht Schaden nehmen wie die empfindlicheren Kaviarsorten.

450 g Kartoffeln
Salz
2 Eier
schwarzer Pfeffer
250 g Sauerrahm
1 TL Zitronensaft
100 g Sewruga-Kaviar
450 ml leichtes Öl (Sonnenblumen- oder Soyaöl)
4 EL frische, trockene Semmelbrösel
225 g marinierter, geräucherter Stör (siehe Seite 145) oder
einfachen Räucherlachs oder
geräucherte Forelle
Salatblätter zum Garnieren

1 Die Kartoffeln waschen, schälen, vierteln, ins kochende Salzwasser geben und ca. 20 Minuten bei mittlerer Hitze weich garen. Abgießen und mit 1 verquirlten Ei pürieren. Pfeffern und abkühlen lassen.

2 Drei Viertel des Sauerrahms mit dem Zitronensaft und etwas Pfeffer verrühren und im Kühlschrank kaltstellen.

3 Wenn das Kartoffelpüree Raumtemperatur erreicht hat, 1 Esslöffel voll in die Hand nehmen und Kugeln von der Größe eines Golfballs formen. Die Bällchen mit einem scharfen Messer halbieren und in jede Hälfte in die Mitte eine Vertiefung drücken. Jede Halbkugel mit 1 Teelöffel Kaviar füllen und wieder zusammenfügen. Das Püree sollte 2 Bällchen pro Person ergeben.

4 In einer Fritteuse das Öl erhitzen bis es fast sprudelt.

5 Das andere Ei in einem Teller aufschlagen und mit einer Gabel verquirlen; in einem zweiten Teller die Semmelbrösel vorbereiten. Die Kartoffelbällchen durch die Eimasse ziehen und mit Semmelbrösel panieren. Die Bällchen etwa 1 Minute frittieren bis sie goldbraun sind. Mit einem Schaumlöffel herausheben und auf Küchenkrepp abtropfen lassen. Warm stellen.

6 Den marinierten Stör auf den Tellern anrichten, ein Kaviarbällchen im Ganzen und ein halbiertes Bällchen – damit die Kaviarfüllung ins Auge fällt – dazugeben. Mit Salatblättern garnieren.

Ergibt 4 Portionen

Als Getränk empfehlen wir Napa Valley Champagne, guten weißen Burgunder oder einen anderen edlen Chardonnay sowie Wodka.

PASTA

SPAGHETTINI MIT KAVIAR UND CHAMPAGNERSAUCE

In diesem Gericht verbinden sich die Schlichtheit der Pasta mit der Exotik von Champagner und Kaviar zu einem überraschenden Genuss.

300 ml klare Brühe
1 Schalotte
1 Glas Champagner
1 Thymianzweig
1 Prise Muskatnuss
300 g Sahne
30 g kalte Butter
1 EL Weißweinessig
Salz, frisch gemahlener schwarzer Pfeffer
125 Sewruga-Kaviar
1 EL Olivenöl
1 Packung (500 g) Spaghettini

1 Die Brühe zum Kochen bringen. In der Zwischenzeit die Schalotte abziehen und fein würfeln. Zusammen mit dem Champagner, Thymian und 1 Prise Muskatnuss in die Brühe geben und diese auf ein Drittel reduzieren.

2 Die Sahne zugeben und weitere 5 Minuten ziehen lassen. Den Topf vom Herd nehmen und die Flüssigkeit durch ein Sieb in eine Schüssel gießen, die über einem heißen Wasserbad steht. Die kalte Butter in Flocken schneiden und mit einem Schneebesen einrühren, den Essig zugeben und würzen. Warm stellen und erst unmittelbar vor dem Anrichten den Kaviar unterheben.

2 Wasser aufsetzen und 1/2 Teelöffel Salz und 1 Esslöffel Öl zugeben. Die Spaghettini entsprechend der Packungsanweisungen kochen, abgießen und in eine große vorgewärmte Schüssel geben. Die Champagner-Kaviar-Sauce darüber gießen und sofort servieren.

Ergibt 4 Portionen.

Als Getränk empfehlen wir Champagner, weißen Burgunder, Pinot Blanc oder Pinot Bianco.

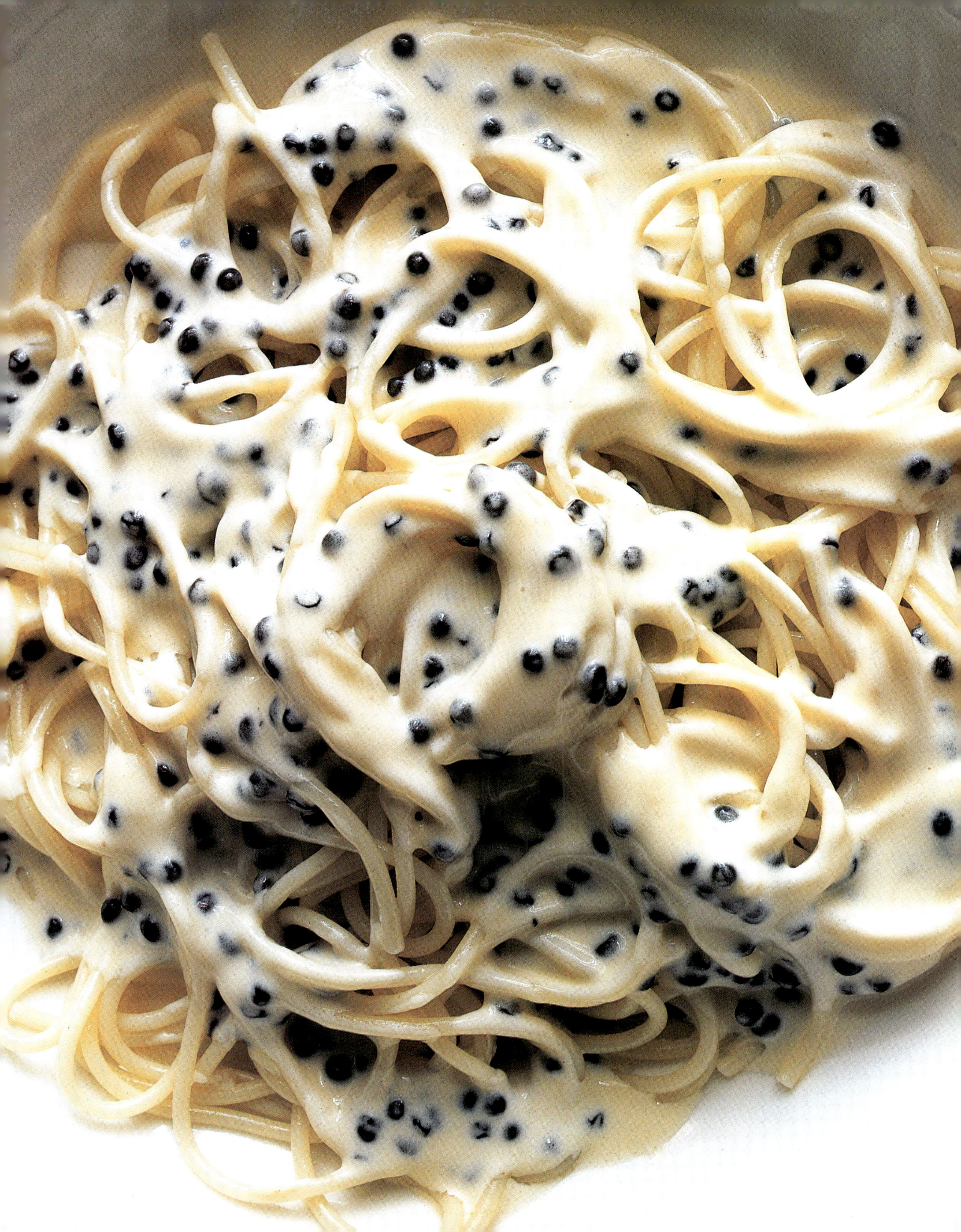

Hausgemachte Tortellini mit Garnelen- und Jakobsmuschelfüllung und Kaviar

Durch die Verwendung von fertigem, frischen Pastateig sind diese Tortellini einfach in der Zubereitung. Den optisch wie geschmacklichen Clou bieten bei diesem Gericht die Krabben und Jakobsmuscheln.

Für die Tortellini
4 große Jakobsmuscheln
2 Schalotten
etwas frische Ingwerwurzel
100 g Krabbenfleisch
Schale von 1/2 unbehandelten Zitrone
Salz, frisch gemahlenen schwarzen Pfeffer
150 g frische Pastateigblätter
1 EL Öl
1 Gurke
50 g Ossiotr-Kaviar

Für die Sauce
200 ml Fischsud
50 g Hummer- oder Langustenschalen (falls erhältlich)
2 Stängel Zitronen- oder Lemongras
Schale von 1 unbehandelten Zitrone
100 g Sahne
100 g kalte Butter
Salz, frisch gemahlenen schwarzen Pfeffer

Salatgurke zur Dekoration

1 Die Jakobsmuscheln grob würfeln, dabei den orangefarbenen Rogen für die Sauce zurückbehalten. Die Schalotten abziehen und klein schneiden. Den Ingwer fein hacken (etwa 1 Teelöffel). Die Jakobsmuscheln mit dem Krabbenfleisch, den Schalotten, der klein gehackten Zitronenschale und dem Ingwer vermengen, mit Salz und Pfeffer würzen.

2 Den Pastateig auslegen und mit einer Ausstechform 16 Kreise von etwa 8 cm Durchmesser ausstechen. Auf jeden Pastakreis je 1 kleinen Teelöffel der Krabben-Jakobsmuschel-Mischung geben. Mit einem Backpinsel Wasser auf die Kanten streichen und den Teig zusammenfalten, so dass ein halbkreisförmiges Hörnchen entsteht. Um die Tortellini zu schließen, die Teighörnchen um den Finger wickeln, die Spitzen anfeuchten und zusammendrücken. Die Tortellini beiseite legen.

3 In einer Kasserole den Fischsud, die Hummer- oder Langustenschalen, den Rogen der Jakobsmuscheln und das Zitronengras rasch aufkochen und auf die Hälfte einreduzieren. Durch ein Sieb streichen, die Zitronenschale zugeben und noch einmal auf etwa 2 Esslöffel Flüssigkeitsmenge reduzieren. Die Sahne unterrühren und wieder zum Kochen bringen, mit einem Schneebesen nach und nach die kalten Butterflocken unterrühren, bis die Sauce schaumig ist. Würzen. Durch ein feines Sieb streichen und warm stellen.

4 Reichlich Salzwasser mit 1 Esslöffel Öl aufkochenden und die Tortellini etwa 8 Minuten darin ziehen lassen, bis sie al dente sind.

5 Die Gurke waschen, schälen, in dünne Juliennestreifen schneiden und auf vorgewärmten Tellern in der Mitte portionsweise aufhäufeln. Je 4 Tortellini um die Gurken anrichten, die Sauce darüber gießen und mit 1 gehäuften Teelöffel Kaviar garniert servieren.

Ergibt 4 Portionen

Als Getränk empfehlen wir Jahrgangschampagner, Mosel Riesling Kabinett oder weißen Bordeaux (etwa Graves/Pessac-Léognan).

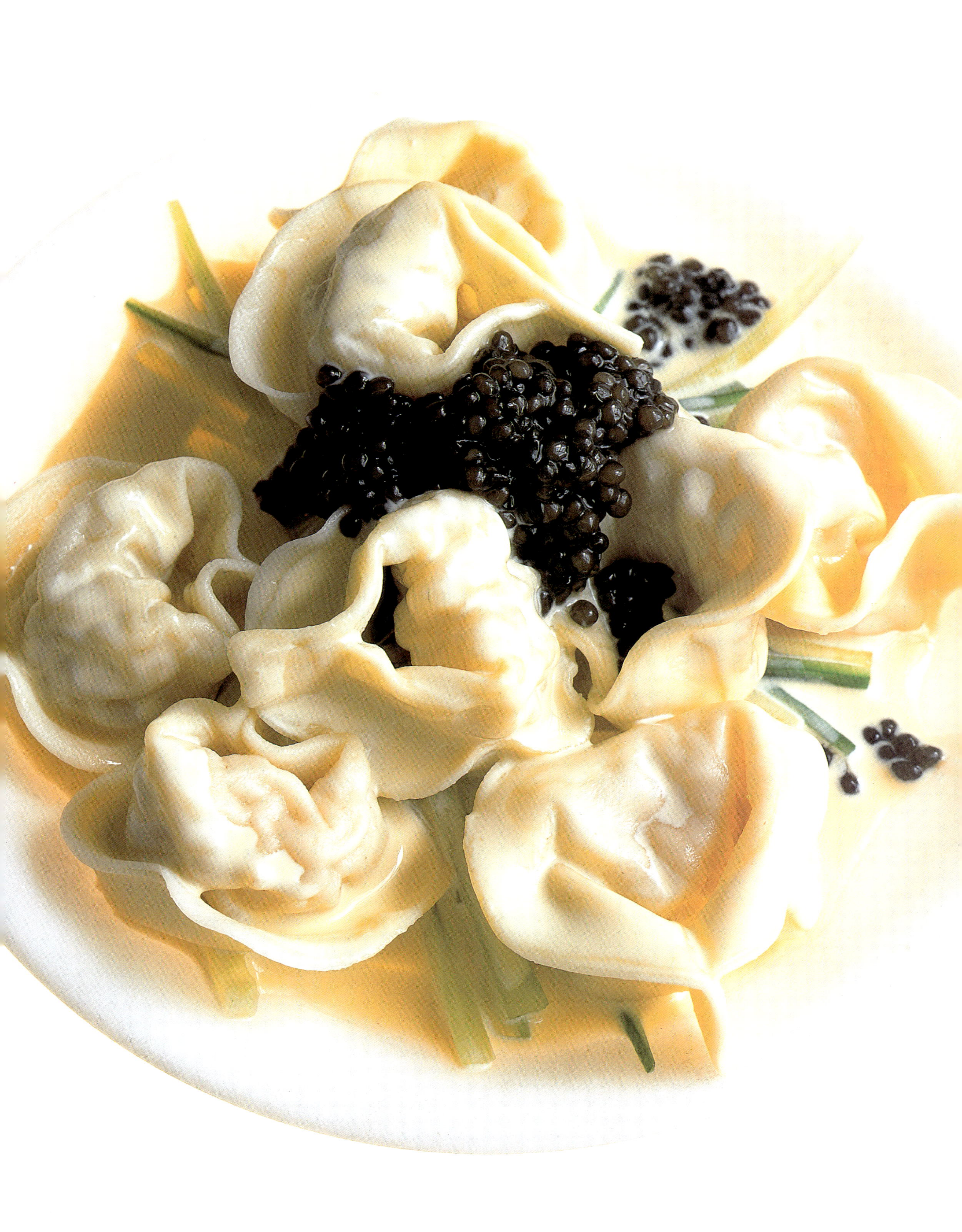

SUSHI UND FISH

Sushi erfreut sich mittlerweile auf der ganzen Welt großer Beliebtheit. Alle Zutaten für Sushi müssen unbedingt frisch sein. Gleiches gilt für Sashimi (die Bezeichnung für in dünne Scheiben geschnittenen rohen Fisch).

FISCHROGEN FÜR SUSHI

Als Zutat für Sushi sollte man verschiedene Fischrogenarten wählen. Diese kann man bei einem Fischhändler oder einem japanischen Lebenmittelgeschäft bestellen. Aus Japan werden verschiedene Fischrogenarten importiert, die meisten davon in bereits verarbeitetem Zustand. Für Sushi eignen sich am besten die folgenden Rogensorten:

Ikura Lachskaviar
Uni Seeigelrogen (in der Saison)
Kazunoko Heringskaviar
Tobiko-Rogen (fliegender Fisch)

Ebikko Stintkaviar
Dorschkaviar
und natürlich Kaviar ihrer Wahl

Jedes Sushihäppchen wird mit einem gehäuften Teelöffel Kaviar und zur farblichen und geschmacklichen Abwechslung auch mit geräuchertem oder rohem Fisch garniert. Man muss kein Experte sein, um Sushi lecker und interessant anzurichten, auch wenn die unglaubliche Geschwindigkeit und Geschicklichkeit eines japanischen Chefkochs bei der Zubereitung schon für sich genommen eine Augenweide ist.

WEITERE TYPISCHE SUSHIZUTATEN UND KOCHGERÄTE

Einige andere Sushizutaten sind nur in einem speziellen japanischen Lebensmittelgeschäft erhältlich, und für alle Fans, auch die ausgesuchten Kochutensilien. Einige der wichtigsten Zutaten sind:

Rundkornreis, am besten japanischer Reis von hoher Qualität
Reisessig
Sake, ein süßlicher japanischer Reiswein
Nori-Blätter (gerösteter Seetang), vakuumverpackt

Gari, süß eingelegter Ingwer
Wasabi, grüner japanischer Meerrettich
Konbu, getrockneter Seetang als Reisgewürz
Sojasauce, als Dip für das Sushi

Zur Zubereitung empfiehlt sich auch die Anschaffung eines Makisu, einer aus Bambusstreifen hergestellten Matte, um den Reis und andere Zutaten damit einzurollen. Die Rollmatten sind in verschiedenen Größen erhältlich, um allen Ansprüchen zu genügen. Für den Anfang reicht eine mittlere Makisu von ca. 20 cm Breite. Um den Reis abzukühlen wird häufig eine Schale aus Holz, handai genannt, verwendet, doch ein Porzellanschälchen eignet sich ebenso gut. Unerlässlich ist ein Holzkochlöffel oder ein Bratwender.

GRUNDREZEPT SUSHIREIS

Die Zubereitung des Sushireis steht an erster Stelle, da er die Grundlage für alle Sushis und Ähnliches bietet. Als Maß eignet sich in diesem Fall tatsächlich am besten die »Tasse«, wobei eine Tasse normalerweise 200 Milliliter Flüssigkeit und 215 Gramm Reis entspricht.

3 Tassen Rundkornreis
3 EL süßen Sake
3 Tassen Wasser
ein Quadrat von 8 cm Konbu

Für die Essigtunke
6 EL Reisessig
2 EL weißen Zucker
2 TL süßen Sake
2 TL Salz

1 Den Reis solange waschen, bis das Wasser klar ist. 1/2 Stunde abtropfen lassen.

2 Reis, Sake und Wasser in einen elektrischen Reiskocher oder einen beschichteten Topf geben. Das Konbu-Blatt mit einem Messer einkerben, damit sich der Geschmack besser entfalten kann und mit dem Reis garen. Den Reis aufkochen und für ca. 10 Minuten ziehen lassen. Den Konbu herausnehmen. Den Reis in eine Porzellan- oder Glasschale geben.

3 Die Zutaten für die Essigtunke verrühren und erwärmen, bis sich der Zucker gelöst hat. Nicht kochen!

4 Die Essigtunke über den heißen Reis gießen und rasch und mit schnellen schneidenden Bewegungen unterrühren. In Japan würde man den Reis während dieses Mischvorgangs kühl fächeln. Die Schüssel wird nun mit einem feuchten Tuch abgedeckt bis sie zur Zubereitung des Sushis benötigt wird.

NORI-MAKI SUSHIRÖLLCHEN

In Japan werden diese mit Hilfe einer Rollmatte aus Bambusstreifen, genannt Makisu, gerollt. Doch auch ein Holzbrett erfüllt diesen Zweck.

1 Päckchen Nori-Blätter
vorgekochten Sushireis
(siehe linke Spalte)
50 g Sewruga-Kaviar
50 g Lachskaviar
50 g Fischrogen nach Wunsch
(als Anregung siehe Seite 126)

1 Die Nori-Blätter auf einem Brett längs halbieren und mit der glänzenden Seite nach unten auslegen. Den gekochten Reis gleichmäßig auf dem Nori-Blatt verteilen und ringsum einen Rand von etwa 1 cm freilassen. Das Nori-Blatt vorsichtig einrollen, so dass es den Reis wie eine enge Hülle umschließt. Die überlappenden Nori-Blattkanten aufeinander pressen und die Sushirolle schließen.

2 Die Sushirolle etwa 20 Minuten ruhen lassen. So viele Rollen formen, wie nötig. Die Rolle mit einem scharfen Messer in etwa 2,5 cm hohe Happen schneiden. Das Sushi-Häppchen nehmen, dabei die Finger auf den Nori-Blattsaum legen, damit es sich nicht lösen kann, und mit einem Teelöffel auf der Oberseite eine Vertiefung in den Reis drücken. Jeweils ein Drittel der Häppchen mit den verschiedenen Kaviarsorten garnieren, bis ein appetitliches buntes Bild entsteht.

Daumendicke Nigri-Sushi (handgeformte Reis-Sushi)

Die Kaviarsorten für dieses Gericht sollten von festerer Konsistenz sein, wie etwa Dorsch-, Herings- oder Seeigelrogen. Auch frische Garnelenschwänze (der Länge nach weit aufgeschnitten), sehr frischer roher oder marinierter Fisch und sogar geräucherter Stör, Lachs oder Aal eignen sich zur Zubereitung.

Wasabi
Sushireis (siehe Seite 127)
50 g von jeweils 3–4 verschiedenen Kaviarsorten
Fisch nach Wunsch
1 Päckchen Nori-Blätter
etwas Gari zum Garnieren

1 Den Wasabi schälen und klein raspeln, dann zu einer Meerrettichmasse zerdrücken. Aus dem vorgekochten Reis mit den Händen daumendicke Würstchen formen. Den Reis mit einer dünnen Schicht Wasabi bestreichen und etwas Kaviar oder eine Stück Fisch darauf legen, so dass die Oberfläche bedeckt ist.

2 Mit einem scharfen Messer die Nori-Blätter in etwa 1 cm breite Streifen schneiden, dabei darauf achten, dass die Streifen lang genug sind, um sie um die Sushiröllchen mit ihrem Belag binden zu können. Mit Gari garnieren.

In Förmchen gepresste Reis-Sushi

Für diese Sushivariante benötigt man eine kleine runde Ausstechform oder auch andere Förmchen Ihrer Wahl.

Sushireis (siehe Seite 127)
50 g von jeweils 3–4 verschiedenen Kaviarsorten

Den vorgekochten Reis in die Förmchen pressen, dabei oben einen Rand von ca. 5 mm frei lassen und diesen mit Kaviar füllen. Das Förmchen vorsichtig entfernen. Mit den anderen Kaviarsorten ebenso verfahren.

Zu allen Sushigerichten empfehlen wir als Getränk Sake, Yamagata, Champagner oder guten Sauvignon Blanc, vor allem neuseeländischen.

Im Uhrzeigersinn oben links beginnend: Beluga, Seeigelrogen, Tobiko, Sewruga, Lachskaviar.

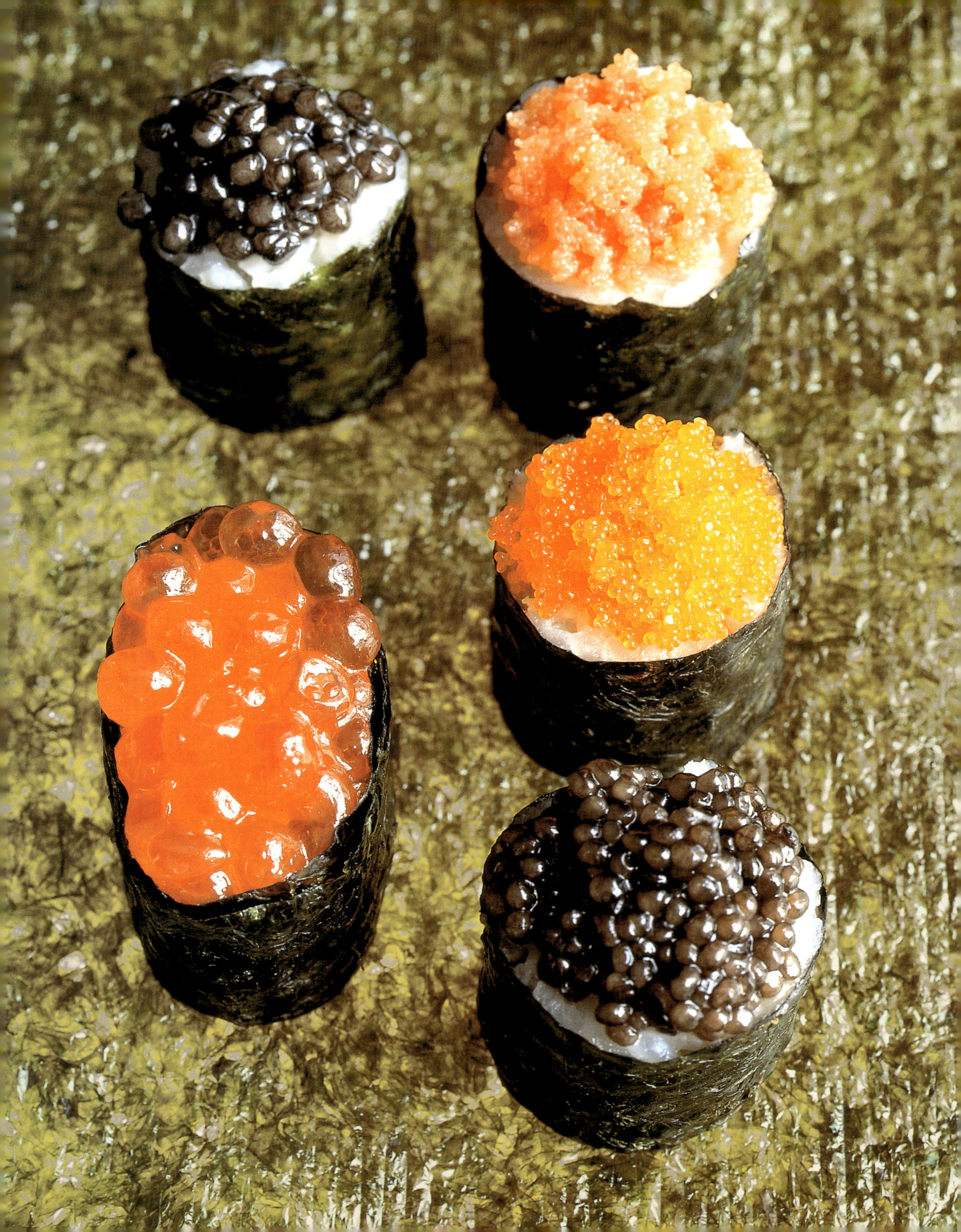

Flusskrebsmousse mit Kaviar und Schnittlauchdressing

Der Flusskrebs, ein Süßwasserschaltier, ist mittlerweile ausgesprochen selten und kostspielig, da er sich nicht in dem Tempo vermehren kann, wie er gefangen und verzehrt wird. Dies liegt auch daran, dass der Flusskrebs erst im Alter von fünf Jahren seine Geschlechtsreife erreicht. Von Hummer und Languste (Dublin Bay Prawn) unterscheiden ihn sein feinerer Geschmack und sein zarteres Fleisch. Doch eignen sich beide als Ersatz, wenn Flusskrebs nicht erhältlich ist. Vor dem Kochen ist es in jedem Fall ratsam, Magen und Darm (ein kleiner schwarzer Sack am Schwanzende) zu entfernen, da dieser den Geschmack beeinträchtigt. Diese erlesene Mousse ist ideal als Vorspeise oder auch als leichtes Hauptgericht im Sommer. Als Beilage empfehlen wir Salat.

1 kg Flusskrebs (etwa 25 Stück)
50–250 g Kaviar

Für die Brühe
1 kleine Zwiebel
1 mittelgroße Möhre
30 g Butter
1 Prise Thymian
1 Lorbeerblatt
2 EL Cognac
2 EL trockenen Weißwein
350 ml leichten Fischsud
Salz
weißer Pfeffer

Für die Mousse
1 EL Gelatinepulver
4 EL Wasser, zum Lösen der Gelatine
150 g Sahne
1 EL Zitronensaft
1/2 TL Cayennepfeffer

Für das Schnittlauchdressing
200 g Sahne
2 EL trockenen Weißwein
1 Prise weißer Pfeffer
1 Bund Schnittlauch

1 Die Flusskrebse gründlich in kaltem Wasser waschen. Salzwasser aufsetzen und die Flusskrebse im kochenden Wasser 5 Minuten garen. Abgießen und abkühlen lassen. Das Fleisch vorsichtig aus den Schwänzen und den größeren Scheren lösen. Die Schalen für die Brühe beiseite legen, ebenso 10 bis 12 Schwänze im Ganzen zum Garnieren.

2 Für die Brühe die leeren Schalen mit einem Lebensmittelhammer grob zerkleinern (am besten in einem besonders dicken, sauberen Plastikbeutel). Die Zwiebel abziehen und fein würfeln, die Möhre putzen, waschen und klein schneiden. Butter in einer großen Kasserole erhitzen und die zerkleinerten Schalen zusammen mit der Zwiebel, der Möhre, Thymian und Lorbeerblatt leicht anbraten. Den Cognac in einer Suppenkelle erwärmen, vorsichtig entzünden und über die Schalenmischung gießen. Die letzten Flammen mit Weißwein löschen. Den Fischsud zugeben, mit Salz und weißem Pfeffer würzen und zugedeckt bei mittlerer Hitze ca. 20 Minuten ziehen lassen. Die Brühe durch ein sehr feines Sieb in eine weitere Kasserole streichen. Es sollte eine Menge von etwa 350 Milliliter ergeben. Abkühlen lassen.

3 Für die Mousse, Gelatine und Wasser in eine Schüssel geben und über einem heißen Wasserbad solange rühren, bis die Gelatine gelöst ist. Abkühlen lassen. Die Sahne schlagen und mit 150 Milliliter des soeben zubereiteten Fischsuds in die Küchenmaschine geben. Die Gelatine unter ständigem Rühren zugießen. Das Krebsfleisch, Zitronensaft und Cayennepfeffer zugeben und mit dem Mixer zerkleinern und verrühren. Die Mousse in den Kühlschrank stellen, bis sie sich allmählich verfestigt. Das Eiweiß sehr steif schlagen und nach und nach unter die Masse heben. Die Mousse in eine leicht eingeölte Springform geben und im Kühlschrank fest werden lassen.

4 Für das Schnittlauchdressing den übrigen Fischsud mit Sahne und Weißwein 10 Minuten in einer zugedeckten Kasserole bei mittlerer Hitze kochen. In der Zwischenzeit den Schnittlauch waschen und fein schneiden. Die Sauce mit Pfeffer würzen, etwas abkühlen lassen und den Schnittlauch unterrühren.

5 Die Mousse aus der Springform lösen und auf eine Platte stürtzen. Dabei die Flusskrebsschwänze auf der Mousse und am Rand des Tellers platzieren. Mit Schnittlauchdressing übergießen und pro Portion mit 1 Teelöffel Kaviar garnieren. Als Beilage reicht man ein Körbchen mit frisch getoastetem Weißbrot.

Tipp Als pfiffige Variante kann man die Flusskrebsschwänze auch nur am Plattenrand angerichtet und die Mousse mit 250 Gramm Kaviar krönen.

Ergibt 4 Portionen

Als Getränk empfehlen wir Rosé Champagner, halbtrockenen Vouvray oder Mosel Riesling Kabinett.

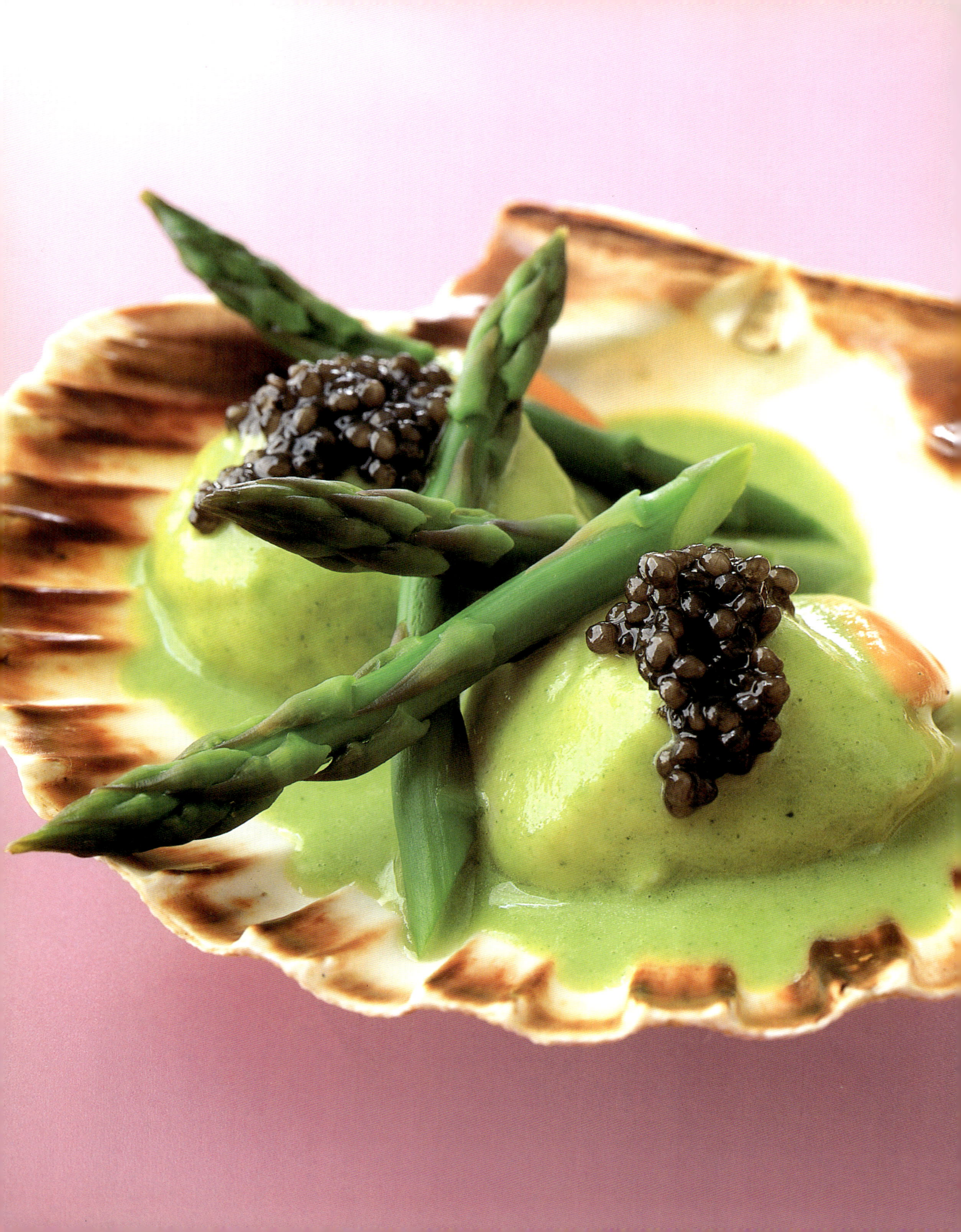

Jakobsmuscheln in der Schale mit Kaviar und Spargelsauce

Die Jakobsmuscheln harmonieren vorzüglich mit Spargel und Kaviar. Ein farblich ansprechendes und appetitanregendes Gericht als leichter Lunch oder als Vorspeise bei einem formellen Abendessen.

Salz
300 g grünen Spargel
30 g Butter
8 große Jakobsmuscheln
200 g Sahne
schwarzer Pfeffer
4 Jakobsmuschelschalen
30–50 g Sewruga-Kaviar

1 Den Backofen auf 190 °C (Gas Stufe 5) vorheizen. Salzwasser aufsetzen. In der Zwischenzeit den Spargel waschen und schälen. Den Spargel ca. 5 bis 7 Minuten kochen, bis er gerade zart ist. Abgießen und die oberen 5 cm der Stangen abschneiden. Die Spargelspitzen für die Garnitur beiseite legen. Die Stangenstiele in 2,5 cm lange Stücke schneiden. Sollten die Stangenenden noch hart sein, noch einmal für 3 bis 4 Minuten garen. Warm halten.

2 Ein Stück Alufolie mit Butter bestreichen, die Jakobsmuscheln darauf geben und im Ofen für ca. 4 Minuten backen.

3 Die geschnittenen Spargelenden mit der Sahne in den Behälter einer Küchenmaschine geben und verrühren, bis die Masse glatt und cremig ist. Die Spargelcreme in einer Kasserole langsam erhitzen. Nicht kochen lassen! Mit Salz und Pfeffer abschmecken.

4 Auf vier vorgewärmten Tellern jeweils 1 Jakobsmuschelschale anrichten und je 2 Jakobsmuscheln hineingeben. Etwas Sauce darüber gießen und die Spargelspitzen fächerförmig anordnen. Den Kaviar entweder kurz vor dem Servieren unter die übrige Sauce heben oder das Gericht pur damit Garnieren.

Ergibt 4 Portionen

Als Getränk empfehlen wir Napa Valley Champagne, Sancerre/Pouilly-Fumé, oder weißen Bordeaux z. B. einen Graves, Pessac-Léognan oder Riesling Kabinett.

LACHSFILET MIT KAVIAR UND SPINATCREMESAUCE

Eine köstliche Alternative ist Störfilet.

Für die Sauce
100 ml trockenen Weißwein
2 EL trockenen Wermut (nach Geschmack)
250 ml Fischsud
150 g frischen jungen Spinat
200 g Sahne

Öl
550 g Lachsfilet
30 g Butter
Salz, frisch gemahlener schwarzer Pfeffer
125 g Ossiotr-Kaviar

1 Den Wein (und den Wermut) bei mittlerer Hitze auf ca. 3 Esslöffel reduzieren. Den Fischsud zugeben; erneut auf insgesamt ca. 6 Esslöffel reduzieren. Den Spinat waschen.

2 Den Grill vorheizen. Ein Backblech mit Alufolie belegen und diese etwas einfetten. Die Lachsfilets darauf geben, Butterflocken darüber verteilen und mit Salz und Pfeffer würzen. Auf der 2. Schiene von oben 3 bis 4 Minuten grillen. Den Fisch wenden und weitere 2 bis 3 Minuten grillen.

3 Die Sahne in die reduzierte Sauce geben und aufkochen. Den Spinat unterrühren und mit Salz und Pfeffer würzen. Die Sauce auf die vorgewärmten Teller verteilen, den Lachs darauf anrichten und mit Kaviar garnieren.

Ergibt 4 Portionen

Als Getränk empfehlen wir Weißen Bordeaux, z.B. einen Graves/Pessac-Léognan, Weißen Burgunder oder Elsässer Pinot Blanc.

HUMMERSALAT MIT KAVIAR

Genuss ohne Reue für alle Kalorienbewussten und zudem ein geistiger Muntermacher.

16 frische knackige Kopfsalatblätter
16 Endivienblätter
3 mittelgroße Tomaten
100 g feine grüne Bohnen
1/2 rote Zwiebel
etwas Aceto Balsamico
1 EL kaltgepresstes Olivenöl
Salz, frisch gemahlener schwarzer Pfeffer
4 gekochte Hummerschwänze
100 g Sewruga-Kaviar

1 Wasser aufsetzen. Die Salatblätter waschen und trockentupfen. Die Tomaten in das kochende Wasser tauchen, häuten, halbieren, die Kerne entfernen und das Fruchtfleisch klein schneiden.

2 Die grünen Bohnen im Salzwasser ca. 2 bis 3 Minuten kochen, abgießen und abkühlen lassen. Die Zwiebel abziehen und fein würfeln. Die Bohnen in 2,5 cm lange Stücke schneiden und mit der Zwiebel und den Tomaten vermengen; einige Tropfen Aceto Balsamico, 1 Esslöffel Olivenöl zugeben und mit Salz und Pfeffer würzen. 1/2 Stunde kalt stellen.

3 Die Hummerschwänze längs halbieren, dabei den Darm entfernen. Beiseite legen.

4 Auf jedem Teller erst 4 Kopfsalatblätter und darüber 4 Endivienblätter anrichten. Je 2 Hummerschwanzhälften darauflegen, und den Bohnensalat dazwischen verteilen. Mit je 1 Teelöffel Kaviar garnieren und servieren.

Ergibt 4 Portionen

Als Getränk empfehlen wir Champagner, feinen weißen Burgunder oder weißen Bordeaux.

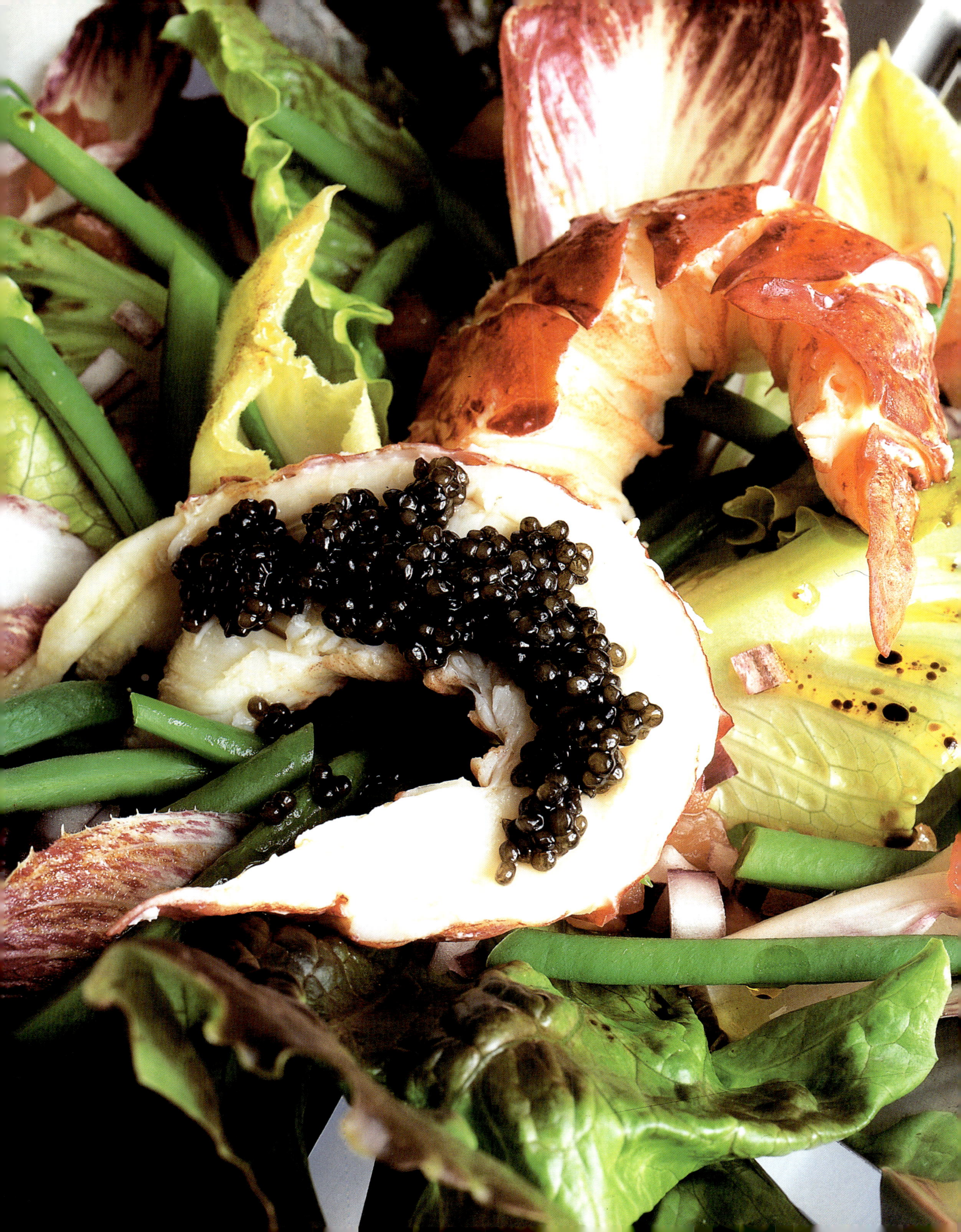

Lachs im Spinatmantel mit Kaviarfüllung in Blätterteig

Für dieses Gericht ist Presskaviar am besten geeignet. Sein intensiver Geschmack unterstreicht das natürliche Aroma des Lachses und harmoniert zudem sehr gut mit Spinat. Das Rezept gelingt auch mit Sewruga-Kaviar, der als weniger empfindliche Sorte den Backvorgang noch am ehesten übersteht.

600 g frischen Spinat
Mehl für das Ausrollen des Blätterteigs
1 Packung (500g) gefrorener Blätterteig
100 g weiche Butter
Salz, frisch gemahlener schwarzer Pfeffer
1 ganzer Lachs, filetiert, entgrätet, ohne Kopf und ohne Schwanz
125 g Presskaviar oder Sewruga-Kaviar
1 Ei

1 Den Backofen auf 250 °C (Gas Stufe 9) vorheizen. Den Spinat putzen, waschen und in reichlich kochendem Salzwasser 1 Minute blanchieren; dann abtropfen lassen und in kaltem Wasser abschrecken. Abgießen und auf Küchenkrepp zum Trocknen auslegen.

2 Den Blätterteig auf einer bemehlten Arbeitsfläche zu einem Rechteck ausrollen, das 8 cm länger ist, als der Lachs. Den Teig längs halbieren und 20 Minuten ruhen lassen.

3 Ein Backblech mit Alufolie auslegen und dieses mit Butter einfetten. Eines der Blätterteigstücke in die Mitte legen, mit Butter bestreichen und mit einer Schicht aus Spinatblättern belegen, dabei ringsum einen Teigrand von mindestens 3 cm unbedeckt lassen. Den Spinat mit Salz und Pfeffer würzen. Eines der Lachsfilets (d.h. die Hälfte des Fisches) mit der Innenseite nach oben darauf geben und mit Kaviar bestreichen. Das 2. Filet mit der Innenseite nach unten darüber legen, gut würzen und mit einer Schicht aus Spinatblättern und gebuttertem Blätterteig bedecken.

4 Mit einem in Wasser getauchten Backpinsel die Innenkanten der Teigränder bestreichen und diese fest zusammendrücken. Den Teig mit den Fingern eng um den Fisch pressen, damit keine Hohlräume zurückbleiben. Die Oberfläche mit einem Teelöffel eindrücken, so dass ein Schuppenmuster entsteht, und (nach Wunsch) mit einem Spieß vorsichtig einen Fischkopf und -schwanz zeichnen. Das Ei in einer Schüssel verquirlen und den Teigfisch damit bestreichen, dabei darauf achten, dass nichts von der Eimasse auf die Folie läuft, da der Blätterteig sonst nicht gleichmäßig aufgeht.

5 Im Backofen für 20 Minuten goldbraun backen. Die Hitze auf 150 °C (Gas Stufe 2) zurückschalten und für weitere 15 Minuten im Ofen lassen. Dann die Backofentür öffnen, damit sich der Teig setzen kann.

6 Der Fisch im Blätterteig kann sowohl warm, als auch kalt etwa bei einem Buffet serviert werden. Mit einem scharfen Sägemesser den Lachs in Scheiben schneiden und ein wenig auffächern, damit alle Schichten gut sichtbar sind. Dazu passt Zitronensauce.

Ergibt 4 Portionen
Als Getränk empfehlen wir Weißwein aus dem Burgund oder aus dem Rhônetal.

SCHELLFISCHSOUFFLÉ MIT BEURRE-BLANC-WEIßWEINSAUCE

Keine Angst vor dem Soufflé! Auch andere Fischsorten und Meeresfrüchte eignen sich für dieses Gericht, etwa Krabbenfleisch, Flusskrebse oder Hummer, doch sollte man nicht an Gewürzen sparen.

Für den Fond
1 kleine Zwiebel
1 mittelgroße Möhre
1 Staudensellerie
Saft von 1 Zitrone
1 Bund Estragon
30 g Butter
2 EL Cognac
4 EL trockenen Sherry
300 ml trockenen Weißwein
Salz, weißer Pfeffer

30 g Butter
2 EL Weizenmehl
500 g geräucherten Schellfisch
(oder einen anderen Fisch Ihrer Wahl)
2 Eier
150 g Sahne
Beurre-Blanc-Weißweinsauce
(siehe Seite 142)
50 g Kaviar Ihrer Wahl

1 Für den Fond das Gemüse waschen, schälen und fein schneiden; die Zitrone auspressen. Den Estragon waschen und putzen. Die Butter schmelzen und das Gemüse darin anbraten. Den Cognac in einer Kelle erwärmen, vorsichtig entzünden und rasch über das Gemüse gießen. Die Flammen mit Sherry, Weißwein und Zitronensaft löschen. Mit Salz, Pfeffer und Estragon würzen. Den Fond bei um ein Viertel reduzieren.

2 Den Backofen auf 200 °C (Gas Stufe 6) vorheizen. Für das Soufflé die Butter vorsichtig erhitzen, ohne anzubräunen. Das Mehl mit einem Kochlöffel unterrühren. Den Fond unter stetem Rühren nach und nach zugeben und alles glatt rühren. Vom Herd nehmen.

3 Den Fisch in grobe Würfel schneiden. Die Eier trennen, Eigelbe leicht verquirlen und mit dem Schellfisch und der Sahne in den Fond geben. In einer kalten Edelstahl- oder Glasschale das Eiweiß sehr steif schlagen. Den Eischnee nach und nach unter die Mischung heben, bis sie glatt ist.

4 Eine hohe Souffléform mit 25 cm Durchmesser mit Butter einfetten, so dass das Soufflé auch an den Seitenwänden leicht hochgleiten und gleichmäßig aufgehen kann. Die Mischung in die Form geben und ca. 25 Minuten backen, bis das Soufflé aufgegangen und leicht angebräunt ist. Zur Garprobe öffnet man kurz den Backofen und sticht mit einem Spieß in das Soufflé. Wenn man den Spieß blank herausziehen kann, ist es gar.

5 Währenddessen die Beurre-Blanc-Weißweinsauce zubereiten. Kurz vor dem Anrichten, den Kaviar in die Sauce rühren. Das Soufflé aus dem Ofen heraus gleich servieren, damit es nicht zusammenzufallen. Auf vorgewärmten Tellern servieren und mit Sauce übergießen.

Ergibt 4 Portionen

Als Getränk empfehlen wir Jahrgangschampagner, feinen Chardonnay mit zarter Eichenholznote: Premier oder Grand Cru Chablis oder erstklassigen Chardonnay aus Neuseeland.

RÄUCHERLACHSTRILOGIE MIT KAVIAR

Ein aufregend anzusehendes Gericht, eine erlesene Mischung aus Geschmacksnuancen und zartem Biss und zugleich leichte, gesunde Kost, ein Muntermacher mit wenig Kalorien. Für die Zubereitung dieser köstlichen und nährstoffreichen Speise sollte man auf drei verschiedene Arten Räucherlachs zurückgreifen, wie sie bei ausgewählten Kaviarhändlern und Feinkostläden erhältlich sind.

Klassischer Balyk
Nach russischem Rezept über Holzkohle geräuchert; der Fisch wird der Länge nach vom Kopf bis zum Schwanz in dünne Scheiben geschnitten

Zar Nikolas Filet
Geräuchertes Lachsfilet im Stück, in etwa 1 cm dicke Medaillons geschnitten

Sjomga
Sehr zart geräuchert und mit Dill mariniert, dann in hauchdünne Scheibchen geschnitten

40 g Zar-Nikolas-Medaillons vom geräucherten Lachsfilet
40 g klassischen Balyk (eine lange Scheibe genügt)
40 g Sjomga-Scheibchen
50 g gemischte Salatblätter
15 g Sewruga- oder Ossiotr-Kaviar
15 g Lachs- oder Forellenkaviar
Zitronenviertel zum Garnieren

1 Auf einer Platte die Zar-Nikolas-Madaillons fächerförmig als 3 Lachsfilets an einer Seite anrichten.

2 Den in 3 Scheiben geschnittenen Balyk-Lachs in Röllchen von der Stärke einer Zigarre einrollen und gegenüber den Medaillons drapieren.

3 Den Sjomga-Lachs mit Dill schräg in dünne Streifen schneiden und dazwischen anordnen.

4 In der Mitte der Platte die bunten Salatblätter arrangieren.

5 Die Lachsmedaillons mit Sewruga- oder Ossiotr-Kaviar garnieren und etwas Lachs- oder Forellenkaviar auf die Röllchen geben.

Ergibt 1 Portion

Als Getränk empfehlen wir Sancerre/Pouilly-Fumé, weißen Bordeaux oder Riesling Kabinett.

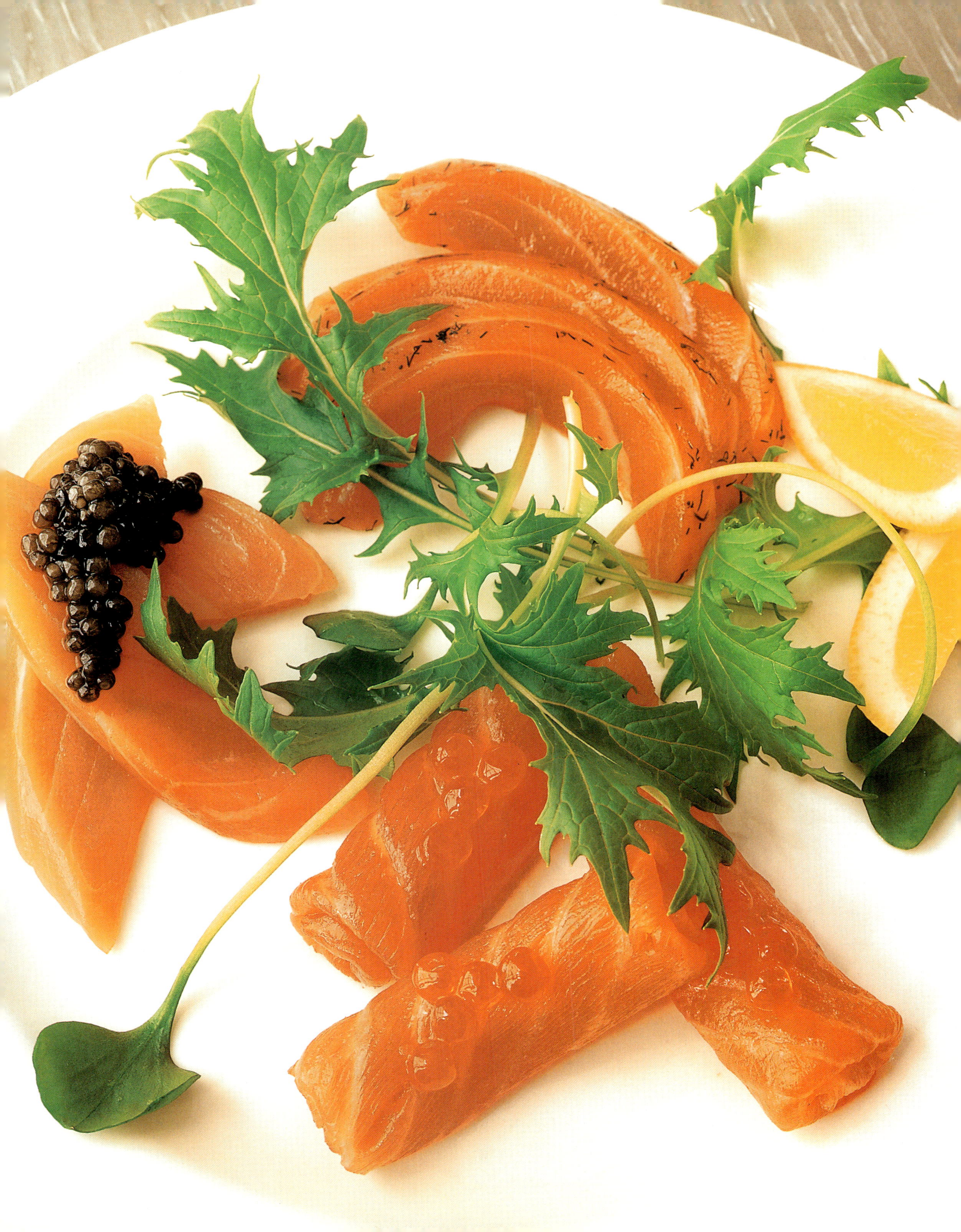

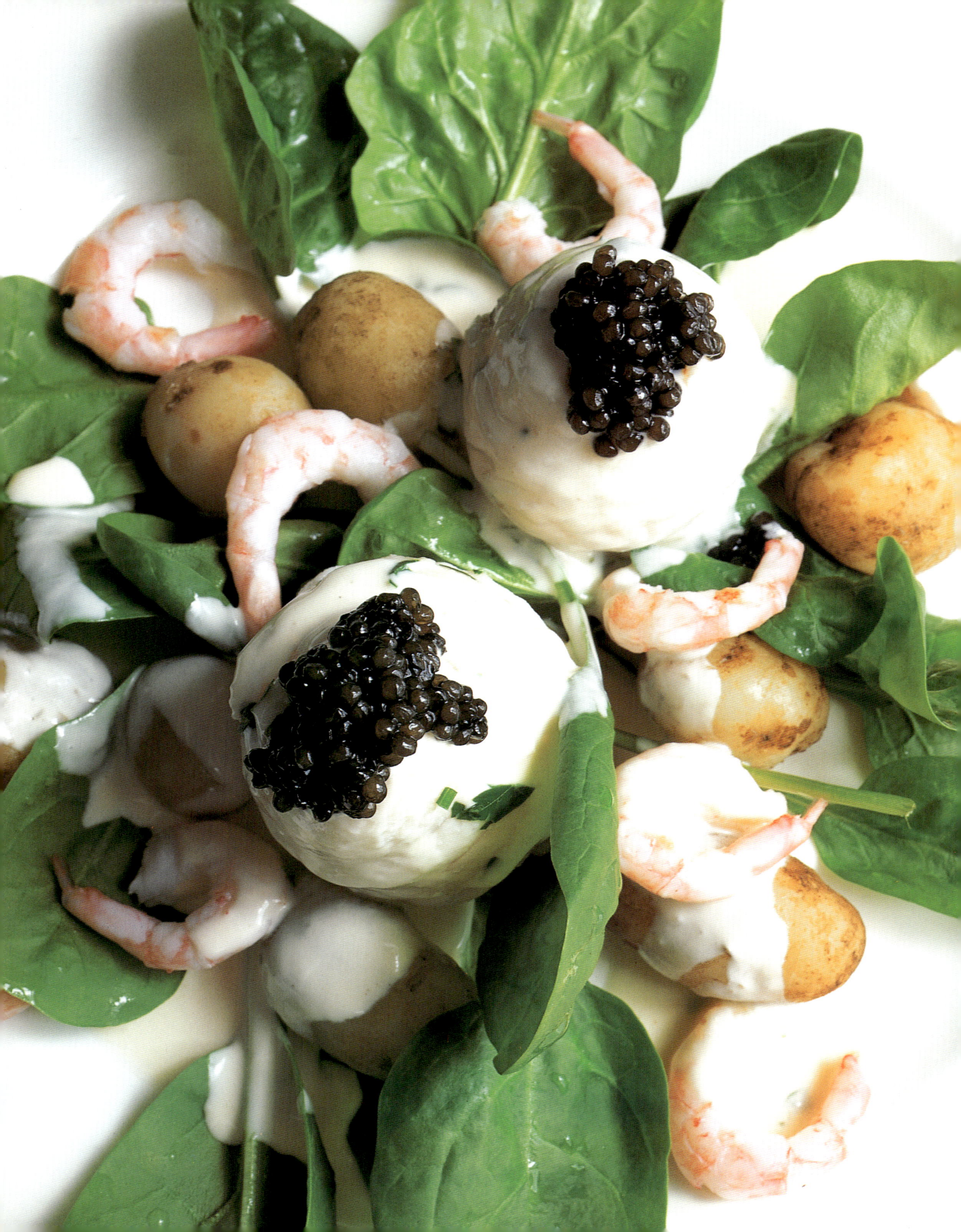

GEROLLTE SEEZUNGENFILETS MIT GARNELEN UND KAVIAR

Dieses Rezept verleiht der schlichten Seezunge das gewisse Extra und ist zudem einfach zubereitet.
Auch als kaltes Gericht für ein Buffet geeignet.
Als Beilage empfehlen wir kleine neue Kartoffeln.

Für den Sud
1/4 Bund Petersilie
150 ml Wasser
150 ml trockenen Weißwein
1 Lorbeerblatt
5–6 ganze schwarze Pfefferkörner
etwas Salz

500 g Seezungenfilets
junge Spinatblätter oder Kopfsalat
150 g Crème fraîche
75 g Mayonnaise
1 TL Zitronensaft
1–2 TL Dijonsenf
Salz, weißen Pfeffer
200 g geschälte Garnelen
100 g Kaviar

1 Für den Sud die Petersilie waschen, zupfen und fein hacken (insgesamte Menge von etwa 1 Esslöffel). Das Wasser mit dem Weißwein, Lorbeerblatt, der gehackten Petersilie, den Pfefferkörnern und etwas Salz erhitzen und 5 bis 8 Minuten kochen lassen. Vom Herd nehmen.

2 Die Seezungenfilets mit kaltem Wasser abspülen und mit Küchenkrepp trocken tupfen. Der Länge nach in Streifen schneiden.

3 Die Filetstreifen vom Schwanzende an aufrollen und dircht nebeneinander in eine Kasserole legen, so dass sie sich nicht wieder entrollen können. Den Sud über den Fisch gießen und zugedeckt bei mittlerer Hitze 5 bis 6 Minuten garen. Die Seezungenfilets im Sud abkühlen lassen.

4 Die Spinat- oder Salatblätter mit kaltem Wasser waschen, trockentupfen oder schleudern und auf einem Teller anrichten. Die Fischfilets mit einem Schaumlöffel aus dem Sud heben und auf den Salat- oder Spinatblättern pyramidenförmig anrichten.

5 Crème fraîche und Mayonnaise mit etwa 2 bis 3 Esslöffeln Fischsud glatt verrühren. Zitronensaft und Senf zugeben, mit Salz und Pfeffer würzen und als Sauce über die Seezungenfilets gießen.

6 Die Garnelen locker über die Fischpyramiden verteilen und jede Pyramide mit je 1 Teelöffel Kaviar garnieren. Kleine neue Kartoffeln dazu reichen.

Ergibt 4 Portionen

Als Getränk empfehlen wir Jahrgangschampagner, erstklassigen weißen Bordeaux, oder auch andere gute Sauvignon-Sémillonverschnitte, sowie Mosel Riesling Kabinett.

Masas Jakobsmuscheln mit Kaviar

Bei diesem Rezept verschmelzen die geschmackliche Raffinesse der französischen Küche und die kulinarische Kunst Japans stets frischesten Fisch zuzubereiten.

4 Chinakohlblätter
12 Spargelspitzen vom grünen Spargel
30 g weiche Butter
4 große Jakobsmuscheln (ohne Corail)
Salz, frisch gemahlener schwarzer Pfeffer

Für die Beurre-Blanc-Weißweinsauce
100 g Schalotten
1 Bund Schnittlauch
300 ml Weißwein
3 EL Weißweinessig
3 EL Sahne
400 g kalte Butter

8 Scheiben geräuchertes Lachsfilet
125 g Sewruga-Kaviar

1 Den Backofen auf 225 °C (Gas Stufe 8) vorheizen. Wasser zum Kochen bringen, die Kohlblätter darin ca. 1 Minute blanchieren und mit kaltem Wasser abschrecken. Die Spargelspitzen ca. 3 Minuten kochen. Abtropfen lassen und warm stellen.

2 Die Innenseite der blanchierten Kohlblätter großzügig mit der weichen Butter bestreichen. Die Jakobsmuscheln mit Salz und Pfeffer würzen, in die Mitte der Kohlblätter legen und zu kleinen festen Päckchen wickeln. Die Päckchen außen mit geschmolzener Butter bestreichen und in eine ofenfeste Form geben. Ca. 4 Minuten im Backofen backen.

3 Für die Beurre-Blanc-Weißweinsauce die Schalotten abziehen und fein würfeln. Den Schnittlauch waschen und zu kleinen Röllchen schneiden. Weißwein und Essig zu den Schalotten in eine Kasserole geben und solange bei mittlerer Hitze kochen lassen, bis die Sauce um die Hälfte reduziert ist. Die Sahne unterrühren und die in Flöckchen geschnittene kalte Butter mit einem Schneebesen in die Sauce schlagen, bis sie fein und glänzend ist. Mit frisch gemahlenem schwarzen Pfeffer würzen und den Schnittlauch unterheben. Falls notwendig, in einer Schüssel über einem Wasserbad warm halten, aber nicht mehr kochen lassen.

4 2 Scheiben Räucherlachsfilet auf einem vorgewärmten Teller in der Mitte anrichten. Jeweils 3 Spargelspitzen darüber geben und mit dem Jakobsmuschelpäckchen krönen. Mit je 1 Teelöffel Kaviar garnieren und die Sauce ringsum auf den Teller gießen. Sofort servieren.

Ergibt 4 Portionen

Als Getränk empfehlen wir halbtrockenen Champagner, halbtrockenen Vouvray, Sauternes/Barsac oder Riesling Spätlese.

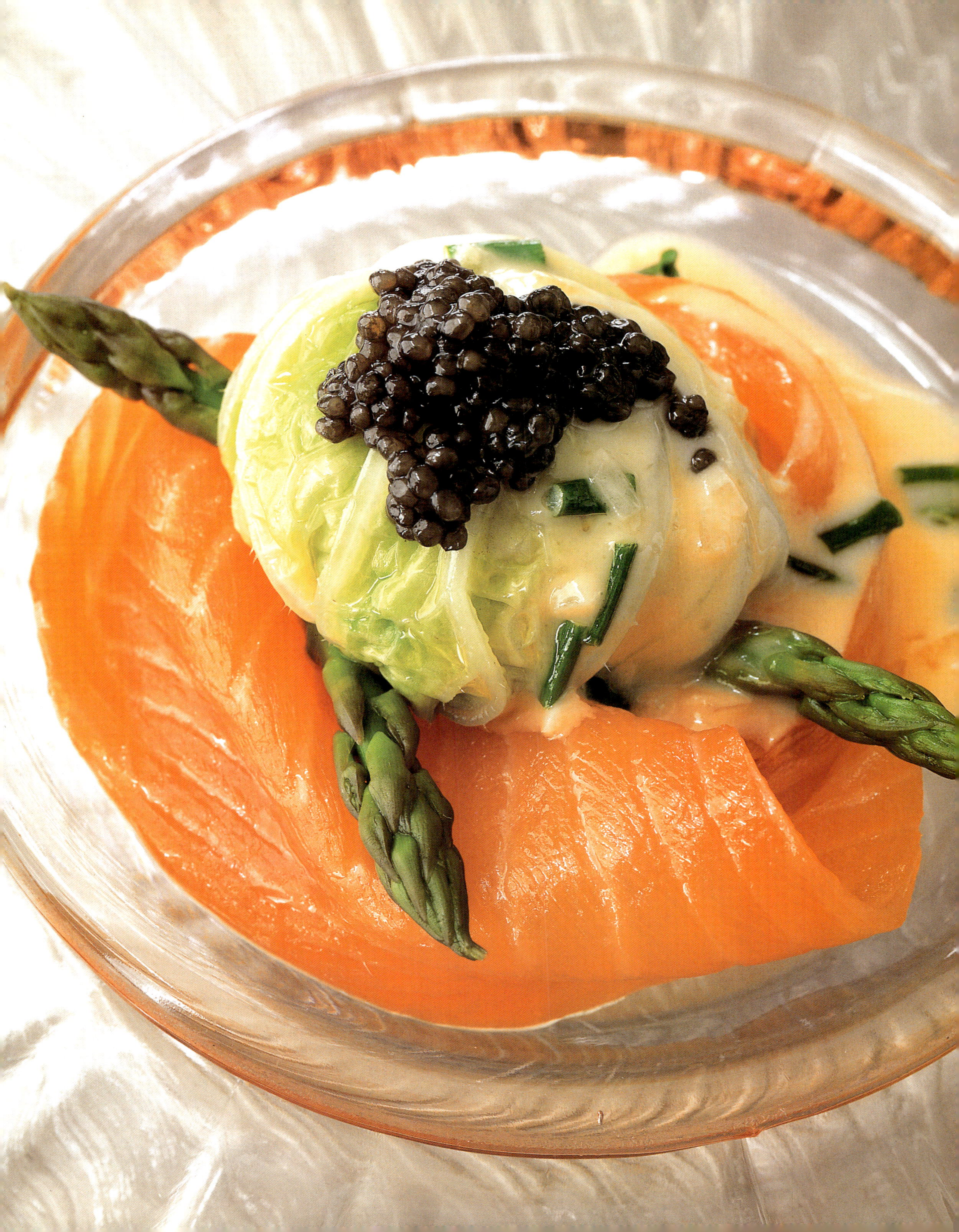

HUMMERCOCKTAIL MIT KAVIAR

Hummer, Kaviar und Spargel in einer überaus köstlichen Kombination.

Für die Cocktailsauce
4 EL leichte Mayonnaise oder Crème fraîche
1 EL Tomatenmark
1 TL Zitronensaft
1 TL Tabasco
1 EL Cognac
1 Prise Paprika
1 Prise Zucker
Salz, frisch gemahlener schwarzer Pfeffer

2 Hummer, gekocht (1/2 pro Person)
1/2 Orange
1 Romana Salat
50 g pasteurisierter Kaviar
1 kleine Dose Spargel

1 Die Zutaten für die Cocktailsauce verrühren und im Kühlschrank einige Stunden ziehen lassen.

2 Die Hummer aus ihrer Schale lösen und längs halbieren, dabei den Darm entlang des Rückens entfernen. Die Scheren aufbrechen und das Fleisch herauslösen. Die Orange waschen, halbieren und die Filets herauslösen.

3 Den Salat waschen und trockentupfen. Fächerförmig auf Tellern anrichten. Cocktailsauce über die Salatblätter gießen und den Hummerschwanz mit der Schere daneben anordnen. Den Kaviar auf den Hummer oder löffelweise daneben geben, mit Spargelspitzen und Orangenfilets garnieren.

Ergibt 4 Portionen

Als Getränk empfehlen wie feinen Chablis oder deutschen Riesling.

MINIKRABBENSNACKS MIT KAVIARSAUCE

Entweder als Appetithappen oder als Hauptgang mit Salat servieren.

2 Schalotten
1 Knoblauchzehe
etwas Dill
250 g Krabbenfleisch (aus der Dose)
1 TL abgeriebene Zitronenschale
Salz, frisch gemahlener schwarzer Pfeffer
50 g abgelagerte Semmelbrösel
3 EL Milch
2 Eier
leichtes Öl zum Braten

Für die Kaviarsauce
1 Schalotte (oder Schnittlauch)
200 g Sauerrahm
60 g Sewruga-Kaviar

1 Die Schalotten abziehen und fein würfeln, den Knoblauch zerdrücken, Dill waschen und fein hacken. Alles zusammen mit der Zitronenschale, dem Krabbenfleisch, Salz, Pfeffer und Semmelbröseln vermengen. Milch und die verquirlten Eiern untermischen. Jeweils 1 Esslöffel der Masse zu einer Kugel rollen und flach drücken. Auf diese Weise ca. 12 Küchlein fertig stellen. Öl in einer Pfanne erhitzen und die Krabbenküchlein auf beiden Seiten goldbraun braten. Warm stellen.

2 Die Schalotte abziehen und fein würfeln. Zusammen mit dem Sauerrahm verrühren und kurz vor dem Servieren den Kaviar unterheben.

Ergibt 4 Portionen

Als Getränk empfehlen wir Rosé Champagner, Meursault oder Riesling aus dem Elsass oder von der Mosel.

REZEPTE MIT STÖRFLEISCH

Störe werden mittlerweile in so vielen Ländern gezüchtet, dass wir nicht versäumen wollen, einige Anregungen zur Zubereitung und das Anrichten von Stör zu geben. Sein Fleisch ist von zartem Biss, fest, weiß und sein edler Geschmack wird seit Jahrhunderten geschätzt. Auf nahezu allen Fischmärkten kann man heutzutage Störfilets bestellen; kleinere Fische werden in Italien und Frankreich an Restaurants verkauft. Darüber hinaus ist Stör essfertig in Dosen erhältlich, vergleichbar etwa mit Thunfisch.

STÖRPASTETE

Ebenso wie Stör in der Dose ist auch geräucherter Stör leicht zu bekommen.

175 g geräucherter Stör
75 g ungesalzene Butter
4 TL Zitronensaft
4 EL Sahne
1 Prise Cayennepfeffer
1 Prise frisch geriebene Muskatnuss
1 Gurke
Zitronenspalten zum Garnieren

1 Den Stör in Stücke schneiden und in eine Küchenmaschine oder einen Mixer geben.

2 Die Butter schmelzen, Zitronensaft und Sahne zugeben und würzen. Die Mischung zu dem Störfleisch gießen und zu einer glatten Masse verrühren. Kalt stellen. Etwa 30 Minuten vor dem Servieren herausnehmen.

3 Die Gurke waschen und in feine Scheiben schneiden. Die Pastete mit Gurkenscheiben und Zitronen- oder Limettenspeiteln garnieren. Als Beilage Toast servieren.

Ergibt 4 Portionen

Als Getränk empfehlen wir Elsässer Gewürztraminer, halbtrockenen Vouvray oder Riesling Spätlese.

MARINIERTER GERÄUCHERTER STÖR

Geräucherter Stör ist eine Köstlichkeit. Mit diesem Rezept kann man die Saftigkeit des Störs bewahren und erhält so eine Alternative zu geräuchertem Lachs oder Gravad Lachs.

375 g geräucherten Stör
Saft von 1 Zitrone oder Limette
150 ml kaltgepresstes Olivenöl
frisch gemahlener schwarzer Pfeffer
Schnittlauch
Dill

1 Den Stör auf einem Teller anrichten. Zitronen- oder Limettensaft mit dem Olivenöl und etwas Pfeffer verrühren und gleichmäßig über den Stör träufeln. Im Kühlschrank mindestens 1/2 Stunde marinieren lassen.

2 Dill und Schnittlauch waschen und fein schneiden. Die überschüssige Flüssigkeit vom Stör abgießen. Den Stör portionsweise auf Teller geben und mit Schnittlauch und Dill garnieren. Knuspriges helles Brot dazu reichen.

Ergibt 4 Portionen

Als Getränk empfehlen wir Riesling Spätlese, Chablis, Sancerre/Pouilly-Fumé oder Fino Sherry.

Störsteaks mit Nudeln und Kaviarsauce

Kein Wunder, dass die Römer Lobeshymnen auf den Stör dichteten! Mit frischer Pasta von heute und einer klassischen Sauce ist dieses Gericht eines Königs würdig.

800 g Störsteaks (oder 750 g falls bereits filetiert)
150 ml Fischfond
120 ml trockenen Weißwein
Salz
1 EL Olivenöl
500 g frische Pasta, vorzugsweise Tagliolini oder Linguini
etwas Petersilie und Dill zum Garnieren

Für die Sauce
450 g Sahne
250 g kalte ungesalzene Butter
frisch gemahlener schwarzer Pfeffer
Saft von 1/2 Zitrone
30 g Sewruga-Kaviar

1 Den Stör in eine Pfanne geben, mit Fischfond und Weißwein übergießen und mit 1 Prise Salz würzen. Allmählich erhitzen, kurz aufkochen, dann vom Herd nehmen, mit einem deckel zuddecken und 5 Minuten ruhen lassen.

2 In einem Topf Wasser mit Salz und etwas Öl für die Pasta aufsetzen.

3 Für die Sauce die Sahne in einem Turmtopf oder einer Kasserole erwärmen und aufkochen. Von der Hitze nehmen und nach und nach mit einem Schneebesen die kalten Butterflocken unterrühren, bis die Sauce glatt ist. Mit Salz und Pfeffer würzen, den Zitronensaft zugeben und im Turmtopf warm halten (hierfür kann man die Kasserole auch in einen zweiten, etwas größeren Topf mit leicht siedendem Wasser stellen).

4 Die Nudeln entsprechend der Packungsanweisung kochen, so dass sie noch al dente sind. Abgießen und portionsweise auf die Teller häufen. Den Kaviar unter die Sauce heben und diese über die Pasta gießen. Das Störsteak oder -filet auf den Nudeln anrichten und mit Petersilie oder Dillzweigen garnieren.

Ergibt 4 Portionen

Als Getränk empfehlen wir Elsässer Pinot Blanc, erstklassigen Pinot Bianco oder Pinot Grigio oder Premier Cru Chablis.

MRS. BEETONS REZEPTE

Die folgenden Rezepte dieses Kapitels sind dem berühmten Werk Mrs. Beeton's Book of Household Management (erstmals 1861 erschienen, überarbeitete Ausgabe von 1888) entnommen. Mrs. Beeton schrieb dieses bemerkenswerte Buch als sie Anfang 20 war. Sie starb bereits mit 28 Jahren, doch das Buch wurde stets überarbeitet und erfreut sich auch heute noch großer Beliebtheit. Es enthält über 3.735 Rezepte und Tipps zur Haushaltsführung. Die Auszüge, in welchen die Zubereitung von Stör und Kaviar beschrieben werden, sind aus der Ausgabe von 1888 zitiert.

»Der Stör«

»Dieser Fisch steht an erster Stelle der sechsten Linnéschen Ordnung, und alle dazugehörigen Arten sind sehr groß, in ausgewachsenem Zustand selten kleiner als vier Fuß lang. Sein Fleisch gilt als außergewöhnlich köstlich und wurde bereits in der Antike, zu Zeiten des Kaisers Severus, so hoch geschätzt, dass Störspeisen von bekrönten Sklaven zu Tisch getragen wurden, welchen musizierende Diener voraus schritten. Der Stör ist im Baltikum, dem Mittelmeer, dem Kaspischen und dem Schwarzen Meer beheimatet, daneben auch in Donau, Wolga, Don und anderen bedeutenden Flüssen. In den Flüssen Nordamerikas ist er überaus häufig, und gelegentlich wird er auch in der Themse, im Eske und im Eden gefangen. Er zählt zu den Fischen, die unter Hoheitsrecht stehen. Sein Fleisch ist zart, fest und weiß, doch selten auf einem Londoner Markt zu finden.«

»Eine kleinere Unterart des Störs ist der Sterlet, der im Kaspischen Meer und einigen russischen Flüssen vorkommt. Wegen des Wohlgeschmacks seines Fleisches wird er besonders hoch geschätzt.«

»Beliebtheit des Störs in der Antike«

»In der Antike verglich man das Fleisch dieses Fisches mit dem Ambrosia der Unsterblichen. Der Dichter Martial bedachte den Stör in einer Lobeshymne und gewährte ihm einen Platz auf den erlesensten Tischen des Palatinischen Hügels. Wenn wir einem modernen Chinareisenden Glauben schenken, so verzichtet das Volk dieses Landes grundsätzlich auf diesen Fisch, und der Herrscher des Himmlischen Kaissereiches behält es seiner eigenen Küche vor, oder verteilt es nur an seine innigsten Günstlinge.«

GEBACKENER STÖR

(Esturgeon Rôti au Vin Blanc)

1 kleiner Stör
Salz, Pfeffer nach Geschmack
1 kleines Kräutersträußchen
Saft von 1 Zitrone
125 g Butter
1 Pint (0,57 l) Weißwein

Den Fisch gründlich säubern, enthäuten und am Bauch entlang aufschneiden, ohne ihn zu durchtrennen. Ein großes Backblech bereit halten, auf das der Fisch gelegt wird. Den Fisch mit den Gewürzen und sehr fein gehackten Kräutern einreiben und mit Zitronensaft und Weißwein befeuchten. Die Butter in Flöckchen auf den ganzen Fisch verteilen und in den Backofen geben und häufig übergießen. Schön braun backen und im eigenen Saft servieren.

Zubereitungszeit: fast 1 Stunde

Saison von April bis September

GEGRILLTER STÖR

(Esturgeon Rôti)

Schwanzende eines Störs
Kalbsfüllung
mit Butter eingefettetes Papier

Den Fisch säubern, entgräten und enthäuten. Eine gute Kalbsfüllung (siehe Seite 149) zubereiten, und die von den Gräten hinterlassenen Lücken damit füllen. Den gefüllten Fisch in das mit Butter eingefettete Papier wickeln und mit einem Band wie bei Kalbsfilet fest zubinden. In einem Holländischen Ofen über offenem Feuer grillen. Mit einer braunen Sauce (siehe Seite 149) oder einfach mit zerlassener Butter servieren.

Zubereitungszeit: etwa 1 Stunde

Saison von April bis September

Anmerkung: Stör kann auch schlicht im Sud gekocht und mit Holländischer Sauce (siehe unten) serviert werden. Der Fisch ist sehr fest und benötigt eine lange Kochzeit.

HOLLÄNDISCHE SAUCE

(Sauce hollandaise)

1/2 Teelöffel Mehl
60 g Butter
2 Esslöffel Essig
1 Esslöffel Wasser
2 Eigelbe
Salz zum Abschmecken
Saft von 1/2 Zitrone

Alle Zutaten, mit Ausnahme des Zitronensafts, in einer Kasserole verrühren. Unter stetem Rühren auf die Feuerstelle geben. Wenn die Sauce ausreichend eingedickt ist, vom Ofen nehmen, da sie nicht kochen darf. Sollte die Sauce dennoch gerinnen, durch ein Sieb streichen. Den Zitronensaft zugeben und servieren. Anstatt des normalen Essigs kann man auch Estragonessig verwenden, der von vielen bevorzugt wird.

BRAUNE FLEISCHSAUCE

(Jus de Viande)

2 Unzen (etwa 60 g) Butter
2 große Zwiebeln
2 Pfund Rinderkeule
2 kleine Scheiben mageren Speck
(falls zur Hand)
Salz
Pfefferkörner zum Würzen
3 Gewürznelken
2 Quarts (ca. 2,3 Liter) Wasser

Zum Eindicken

2 Unzen (etwa 60 g) Butter
3 Unzen (etwa 90 g) Mehl

Die Butter in eine Kasserole geben, auf die Feuerstelle setzen, in Ringe geschnittene Zwiebeln hineingeben und in der Butter leicht anbräunen.

Das Rindfleisch und den Speck, beides in feine Würfel geschnitten, dazutun, würzen und mit 1 Tasse Wasser ablöschen. Das übrige Wasser aufgießen, aufkochen lassen und etwas beiseite nehmen. Bei kleiner Flamme 3 bis 4 Stunden simmern lassen. Den Fond durch ein Sieb streichen, abkühlen lassen und die erkaltete Fettschicht abschöpfen.

Zum Eindicken 1 1/2 Unzen Butter in einer Kasserole schmelzen, 2 Unzen Mehl zugeben und unter Rühren leicht anbräunen. Zu dem gesiebten Fond geben und rasch aufkochen lassen. Mit einem Tropfen Sutton's Browning verleiht man dieser Sauce eine schöne Farbe.

KALBFLEISCH- FÜLLUNG

(Farce de Veau)

1 Pfund Kalbfleisch
1 Pfund fetten Speck
Salz, Cayennepfeffer
zerstoßene Mazisblüten
1 kleine Prise Muskatnuss
klein gehackte Zitronenschale
1/2 Teelöffel fein gehackte Petersilie
1/2 Teelöffel fein geschnittene aromatische Kräuter
1 oder 2 Eier

Das Kalbfleisch und den Speck fein würfeln und zusammen mit sämtlichen oben genannten Gewürzen in einen Mörser geben. Kräftig zerstoßen und mit ein bis zwei Eiern binden, die man zuvor leicht verquirlt und durch ein Sieb gießt. Das Ganze gut durchkneten und fertig ist die Fleischfüllung.

Ist die Farce nicht zum sofortigen Gebrauch bestimmt, sollte man die Kräuter und die Petersilie weglassen, da sie sich sonst schlecht hält. Nach Geschmack kann man auch Pilze oder Trüffel unterrühren.

ESSEN, SEX UND SCHÖNHEIT

Kaviar ist eine leichte Kost, reich an Vitaminen und Proteinen, dabei kalorienarm und für sich allein genommen schon fast ein Vollwertgericht. Einfach ideal, wenn man sich schlapp fühlt oder um nach einer Krankheit schneller wieder auf die Beine zu kommen. Die folgende Tabelle zeigt eine Übersicht über die Nährwerte und den Kaloriengehalt pro Kilogramm Kaviar:

	Kaviar	Press-Kaviar	Stör
Proteine	26 – 30,4	36,2	17,8
Fett	15,7 – 16,3	20,0	9,5
Minerale/Salze	1,2 – 4,4	1,8 – 7,1	1,0
Wasser	52,7 – 53,3	31,4 – 36,7	71,7
Kalorien	2,700	3,200	1,610

In Russland weiß man seit Jahrhunderten, dass Kaviar gesund ist. Auch heute noch wird er zur Kräftigung von Patienten nach einer Operation verabreicht oder um Rachitis vorzubeugen. In der Vergangenheit extrahierte man das Öl aus den Eiern und trank es – ebenso wie man in Westeuropa häufig wegen des hohen Vitamingehalts Lebertran einnahm. Einige Russen trinken die Öle auch, um ihren Magen vor einer langen, wodkareichen Nacht zu schützen, denn Kaviar enthält Acetylcholine, was den Alkohol verträglicher macht. Der letzte Zar von Russland war von der Zuträglichkeit des Kaviars für die Gesundheit so überzeugt, dass er seinen Kindern jeden Tag einen Löffel davon zu essen gab. Doch die Undankbaren waren nicht allzu begeistert, und so mischte der Küchenchef den Kaviar mit zerdrückter Banane und reichte ihn auf Weißbrot.

Ein Londoner Apotheker spritzte Kaviaröl in Kapseln, die er dann als Vitamindragees anbot. Jedenfalls ist ein Löffel voll Kaviar alle mal köstlicher als eine Vitamintablette und mindestens ebenso gesund.

REIF ZUR VERFÜHRUNG

Aufgrund seiner Seltenheit, seiner Kostbarkeit (früher gab es zudem das Problem des Transports und damit die Schwierigkeit, Kaviar überhaupt erwerben zu können) und seines erlesenen Geschmacks, spielte Kaviar schon immer eine große Rolle in der Kunst des Verführens – sei es um eine Geliebte, einen Politiker oder einen mächtigen Drahtzieher zu beeindrucken.

Über die Jahrhunderte hinweg wurden zahlreiche Legenden und Mythen um diese exotische Delikatesse gesponnen. In alten russischen, indischen und persischen Gedichten wird vor allem auf die aphrodisierenden Wirkungen dieses einzigartigen Eis hingewiesen, das wegen seiner »erregenden Eigenschaften« und den Leidenschaften, die es angeblich wecken soll, verspeist wurde. Man sagt auch, Kaviar essen gleiche dem Liebesakt: das erste Mal sei es noch ein wenig fremd, doch nach einigen Kostproben kann man einfach nicht mehr genug davon kriegen! Und es ist die ideale Nahrung für Liebende – leicht zu essen und sehr eiweißreich. Zudem ist es ein sinnliches Vergnügen sondergleichen, sich Kaviar auf der Zunge zergehen zu lassen.

Es mag ein wenig seltsam anmuten, aber dem Rückenmark oder Vesiga im Rückrat des Störs sagt man ebenfalls nach, ein Aphrodisiakum zu sein. In China zerstößt man es deshalb und reicht es der Braut: Es soll Glück und Fruchtbarkeit bringen. Vesiga wird aber auch getrocknet und geflochten und zur Zubereitung besonderer Suppen verwendet.

JUNG UND SCHÖN BLEIBEN

Kaviar bzw. das daraus gewonnene Öl ist auch gut für die Schönheit. So überrascht es kaum, dass Kaviarextrakte bei verschiedenen Kosmetikfirmen als Inhaltsstoff in Gesichts- und Körperpflegemitteln eingesetzt werden. 1964 unternahm die Firma Ingrid Millet in Frankreich erste Versuche, einen Nachweis für die Wirkungen von Kaviar zu erbringen, und stützte ihre Forschungen dabei auf die Ähnlichkeit zwischen dem Störei und der menschlichen Hautzelle. Eine komplette Hautpflegeserie auf der Basis von Kaviarölen gehört mittlerweile zu ihren Produkten. Das Unternehmen weist zudem auf die Verlangsamung der Hautalterung durch Kaviarextrakte hin. Ingrid Millet verwendet nur Kaviar von erstklassiger Qualität und sorgt sich ebenso wie Störzüchter und der Einzelhandel um die Zukunft des Störs. Auch die Schweizer Kosmetikfirma La Prairie ist für ihre Produkte auf Kaviarbasis berühmt.

Mit Kaviar wurden bereits Gesichtspackungen, Gesichtscremes und Körperpflegelotions, Haarwasser und sogar einer Nagelhautcreme hergestellt. In Russland fanden auch Teile des männlichen Störs eine nützliche Verwendung – aus den Hoden etwa bereitete man einen Balsam, der die Heilung von Brandwunden beschleunigen soll.

KLEINES KAVIARGLOSSAR

Almas *Goldener Kaviar*
Entweder die Eier eines Albino-Störs oder jene eines mindestens 60 Jahre alten Ossiotr-Störs. Der Geschmack des Rogens ist unglaublich leicht und köstlich sowie cremig-zart. Siehe Seite 46.

Beluga (Europäischer Hausen) *Huso huso*
Diese mächtige Störart ist heutzutage überaus selten. Die Eier des Hausen sind die größten und von hellgrauer bis fast schwarzer Farbe, mit einer überaus zarten Haut, die auf der Zunge zergeht. Der Geschmack ist fein fischig. Siehe Seite 48.

Kaluga (Sibirischer Hausen) *Huso dauricus*
Eine der größten Störarten aus den Flüssen Amur und Liman in China. Im Allgemeinen unter dem Namen Kaluga bekannt, ist er ein naher Verwandter des Euopäischen Hausen und erreicht mit etwa 18 bis 20 Jahren Geschlechtsreife. Ein durchschnittlicher Fisch wiegt um die 80 Kilogramm und ist etwa 2,3 Meter lang. Der Rogen des Kaluga wäre empfehlenswert, würde er frisch verarbeitet. Aufgrund der chinesischen Fangmethoden jedoch lagert der Fisch häufig mehrere Tage auf den Schiffen, bevor er eine der Kaviarstationen erreicht. Der daraus hergestellte Kaviar ist daher von recht unterschiedlicher Qualität, oftmals sehr salzig und nicht besonders haltbar. Die Eier sind etwa so groß wie die eines jungen Ossiotr-Störs.

Malossol
Malossol ist Russisch und bedeutet »leicht gesalzen«, auch wenn dieser Begriff heute für jede Sorte erstklassigen Kaviars steht. Traditionellerweise werden nur Eier von allerbester Qualität auf diese Weise zubereitet und entsprechend etikettiert. Nur ein wirklicher Fachmann kann beurteilen, wann der Rogen eines Störs für diese Art der Verarbeitung genau richtig ist, da hier der Salzgehalt höchstens 2,8 bis 3 Prozent beträgt. In den Vereinigten Staaten und im Iran wird reines Salz verwendet, in Russland und einigen anderen östlichen Ländern ist die Zugabe von geringen Mengen Borax gesetzlich erlaubt. Viele Experten glauben, dass Borax die Haltbarkeit des Kaviars verbessert und seinen natürlichen Geschmack unterstreicht, da es eine leicht süße Note hinzufügt.

Ossiotr (Waxdick oder Russischer Stör) *Acipenser gueldenstaedti*
Diese Störart produziert die meisten Sorten Rogen. Die Farbe der Eier reicht von dunkelgelb zu zart bernsteinfarben je nach Alter des Fisches. Der Kaviar hat einen feinen »walnussartigen und cremigen« Geschmack. Siehe Seite 52.

Pasteurisierter Kaviar
In den Vereinigten Staaten wurde bereits gegen Ende des 19. Jahrhunderts Kaviar pasteurisiert, in Russland hielt die Pasteurisierung etwa zur Zeit des Ersten Weltkriegs Einzug. Da es immer wieder zu Widrigkeiten beim Störfang kam, etwa durch kaltes Wetter oder aufgrund mangelnder Kühlvorrichtungen, bediente man sich der vorhandenen Vorräte, um die erkämpften Marktanteile nicht zu verlieren. Man füllte den Rogen in gewaltige Fässer mit einem Volumen von 500 Liter, verschloss diese und ließ sie in einem sehr heißen Raum garen.
Die heutigen Methoden sind weitaus effektiver. Der Kaviar wird in Gläser zu 30, 50 oder 110 Gramm abgefüllt, verschlossen und in ein

Wasserbad mit konstant 60 °C gestellt. Die Dauer der Pasteurisierung hängt von der Größe des Glases ab: kleine Gläser werden etwa 30 Minuten im heißen Wasser belassen, größere etwa 45 Minuten. Auch Verfahren zur Kaviarpasteurisierung in Öfen werden entwickelt, da so die Gefahr eines Anrostens des Deckels oder einer Verunreinigung des Kaviars mit Wasser vermieden werden könnte. Die Gläser werden normalerweise mit Etiketten in den traditionellen Farben versehen: Sewruga mit rotem Etikett, Ossiotr mit gelbem und Beluga mit blauem. Fachkundige Pasteurisierung führt in der Regel nicht zu einer Geschmacksveränderung des Kaviars, allerdings kann sich die Festigkeit der Eier dadurch erhöhen.

Pasteurisierter Kaviar ist ungekühlt bis zu einem Jahr haltbar, geöffnet, sollte er jedoch innerhalb weniger Tage verzehrt werden.

Presskaviar

Presskaviar hat einen sehr salzigen, ausgeprägten Fischgeschmack. Früher konnte man die Haltbarkeit des Störrogens nur durch Pressen erhöhen. Wenn also von Kaviar aus der Zeit vor dem 20. Jahrhundert die Rede ist, handelt es sich im Allgemeinen um Presskaviar, oder um vor Ort produzierten frischen Kaviar. Heute nimmt man meist Sewruga oder Ossiotr, die bei der Kaviarherstellung beschädigt wurden, oder eine Mischung aus Rogen, der aus verschiedenen Herstellvorgängen übrig blieb. Auch unreife oder überreife Eier werden hierfür verwendet. Aus sechs Kilogramm Rogen entsteht auf diese Weise ein Kilogramm Presskaviar.

Der Rogen wird gewaschen, gesiebt und in Fässer mit reinem Salz gegeben. Man gießt heißes Wasser darüber, damit das Salz zu allen Stellen der Eimasse vordringt und lässt die Mischung einige Stunden stehen. Mit Hilfe einer Schrauben- oder Hebelpresse wird dann der Großteil der Öle extrahiert. Der Rogen ist so dicht, dass er in Scheiben geschnitten oder auf ein Brot gestrichen werden kann. Für einige Rezepte ist er daher besonders geeignet, auch weil er gegenüber Kochvorgängen unempfindlicher ist. Zudem lässt er sich gut einfrieren. Vor der Erfindung von Kühlsystemen war Presskaviar sehr teuer, da nur dieser über einen längeren Zeitraum haltbar war. Heute liegt der Preis etwa gleich mit dem für Sewruga oder sogar ein wenig darunter.

Der russische Begriff für Presskaviar lautet *pajusnaja ikra* – abgeleitet von dem russischen Wort *paj*, das »gemäß einer Vereinbarung teilen« bedeutet. Wenn die Fischer einen Stör fingen, verarbeiteten, pressten und verteilten sie die Eier untereinander, entsprechend ihres Ranges auf dem Boot. Der beliebteste Presskaviar soll aus Saljany in Aserbaidschan gekommen sein. Dieser wurde in Fässer mit einem Volumen von 480 Kilogramm gepresst, die man mit Paraffin luftdicht versiegelte. Der Weiterverkauf erfolgte in Holzkisten zu 15, 20 oder 25 Kilogramm. Einige dieser Kisten waren hübsch verziert und geschnitzt und sind mittlerweile begehrte Sammlerstücke. Wünschte ein Kunde Kaviar zu kaufen, so entnahm man die entsprechende Menge aus der Kiste und verschloss sie wieder. Früher mussten Importeure eine bestimmte Mindestmenge abnehmen, doch mittlerweile – aufgrund seiner Seltenheit und seines Wertes – ist dies nicht mehr der Fall.

Außerhalb Russlands ist Presskaviar nur schwer zu bekommen, doch viele Kenner schätzen ihn wegen des intensiven, ausgeprägten Geschmacks. Auf jeden Fall ist er etwas für Liebhaber.

Schipp oder Glattdick *Acipenser nudiventris*

Schipp ist eine Kreuzung aus Sewruga und Sterlet. Gelegentlich gelangt auch dieser Kaviar in den Handel, doch wird er üblicherweise je nach Größe der Eier entweder als Sewruga oder Ossiotr deklariert, auch wenn der Rogen meist weniger fest ist, als bei den Fischeltern.

Sewruga (Sternhausen, Sternstör)
Acipenser stellatus
Die kleinste Störart, dessen grau-schwarze Eier besonders feinkörnig sind. Sie schmecken ausgesprochen salzig. Sewruga ist der preiswerteste Kaviar, der aufgrund seines einmaligen Geschmacks sehr begehrt ist. Siehe auch Seite 50.

Sterlet *Acipenser ruthenus*
Der Sterlet ist dem Sewruga ähnlich aber kleiner; er kann bis zu 1,25 Meter lang und bis zu 16 Kilogramm schwer werden, auch wenn die üblichen Durchschnittswerte bei einem Meter und 6 bis 6,5 Kilogramm liegen.

Früher machte der Sterlet, der eigentlich ein Flussstör ist, mehr als 50 Prozent des Störfangs an der Wolgamündung aus. Noch vor 50 Jahren fing man durchschnittlich 700 Tonnen pro Jahr. Heute ist dieser Fisch überaus selten. In der Donau allerdings stößt man wieder häufiger auf ihn, was überwiegend auf verschärfte Umweltvorschriften zurückzuführen ist. Die größten bestehenden Population liegen in Jugoslawien, sowie in Bulgarien, Rumänien, der Slovakei, Tschechien und Ungarn. Auch wenn der Sterlet nicht mehr in vermarktbaren Mengen gefangen wird, spielt er im Hinblick auf die Zucht eine große Rolle. Durch die Züchtung und Kreuzungen mit anderen Störarten in Warmwasserfarmen ist er für die Erhaltung der Arten unerlässlich.

Historisch findet der Sterlet vielfach Erwähnung, da er sich bei allerlei Festlichkeiten und Banketten, vor allem in Form von Kaviarsuppe großer Beliebtheit erfreute.

ANDERE STÖRARTEN

Schätzungen zufolge gibt es mindesten 30 weitere Störarten, was aber nicht klar belegt werden kann, da sich die Arten untereinander kreuzen. Zudem leben nicht mehr alle Arten in ihrem ursprünglichen Umfeld oder haben ihren Lebensrhythmus verändert, so dass sie entweder in den Flussläufen verbleiben und nicht mehr ins Meer zurückkehren, oder umgekehrt.
In vielen Ländern werden Störe gezüchtet, darunter in Russland, Deutschland, Ungarn, Frankreich, Italien, Spanien, Portugal, Israel, Rumänien, Iran, den Vereinigten Staaten, Chile, Argentinien, Uruguay und China. Zwei der hauptsächlich gezüchteten Störarten sind im Folgenden beschrieben. Auch der Atlantische Stör (*Acipenser oxyrhynchus*) hat ein großes Verbreitungsgebiet und ist im Mittelmeer, Schwarzen Meer, vor der Küste Nordamerikas, in isländischen, russischen und britischen Gewässern anzutreffen.

Adria-Stör *Acipenser naccarii*
Italien verfügt über eine eigene Störart, die zuweilen auch noch in der Adria zu finden ist. Noch vor nicht allzu langer Zeit war dieser Fisch ein häufiger Bewohner des Po und anderer norditalienischer Flüsse – heute gibt es ihn dort kaum noch. Die Störzucht wird in Italien überwiegend in der Gegend um Venedig und in der Lombardei betrieben, wo die einheimische Art mit dem Sibirischen Stör gekreuzt wird.

Sibirischer Stör *Acipenser baeri*
Der Sibirische Stör ist für die Zuchtprogramme und die Aquakultur die bedeutendste Störart; sie wird in Nordeuropa, in Ungarn, Frankreich und Spanien häufig eingesetzt, um die Vermehrung der dort einheimischen Störarten zu unterstützen. In Frankreich ist die Zucht überhaupt nur unter Zuhilfenahme des Sibirischen Störs als nächstem Verwandten der französischen Störart erlaubt. In Deutschland und Ungarn sind die Auflagen nicht so streng, zumal dort auch eine größere Artenvielfalt unter den einheimischen Stören herrscht, so dass die Züchter auf mehrere Störarten zur Unterstützung ihrer Programme zurückgreifen dürfen.

Andere Rogenarten

Wie bereits erwähnt, stammt der beste Kaviar von Stören, die im Kaspischen Meer leben, da sich hier aufgrund des Lebensraumes, des Klimas und der traditionellen Fangmethoden der so begehrte typische Geschmack entwickeln kann. In vielen Teilen der Welt wird Kaviar gewonnen (etwa im Südwesten Frankreichs, wo der caviare d'Aquitaine oder »Französische Störroge« hergestellt wird), doch ist er nie von so gleichbleibend hoher Qualität und so ausgezeichnet im Geschmack wie Kaspischer Kaviar.

Dem Gesetz nach darf Rogen in den meisten Ländern nur dann als »Kaviar« etikettiert sein, wenn er von einem im Kaspischen Meer oder im Bereich der Baltischen Staaten gefangenen Stör stammt. Bei anderen Fischeiern sollte der Name des Herkunftsfisches vor dem Wort Kaviar stehen – etwa »Seehasenkaviar« (in Deutschland oft als Deutscher Kaviar bezeichnet) oder »Lachskaviar«.

Die Eier der meisten Fische und Schaltiere können verarbeitet und verzehrt werden, so dass wir an dieser Stelle eine kurze Beschreibung der im Handel häufigsten Rogensorten folgen lassen. Daneben sind aber auch die Eier von Hering, Fliegenden Fischen, von Hecht, Karpfen, Pollack (Steinköhler), Flunder, Makrele und anderen Weißfischen, sowie der Rogen einiger Krustentiere essbar.

Dorschkaviar

Dorschrogen wird gerne frisch geräuchert auf Toast serviert oder als Hauptzutat für Taramosaláta oder Tarama verwendet – einer griechischen Pastete aus Dorschrogen, Brot, Öl, Knoblauch und Gewürzen. Dorschrogen ist rötlich bis orangefarben, mit kleinen Eiern von leicht flacher, ovaler Form und bei den meisten Fischhändlern in geräucherter Form erhältlich.

Auch beim Dorsch ist der weiche Rogen von hohem Nährwertgehalt und leicht verdaulich. Man kann ihn auch leicht anbraten oder pochieren und auf Toast reichen. Die gute alte englische Nanny gab dies häufig den Kindern zu essen, da er »sehr gut für sie ist«. Er wird üblicherweise in Dosen verkauft.

Falsche Fischeier

In vielen Ländern werden falsche Fischeier aus Fischnebenprodukten zusammen mit Öl, Gelatine und Aromastoffen hergestellt, die als Endprodukt Fischrogen durchaus ähnlich sind. Sogar in Russland produziert man künstlichen Eiweißkaviar, der nicht aus Fischfleisch gewonnen wird, sondern u.a. aus Kasein, modifizierten Proteinen, Eigelb von Hühnereiern, Gelatine, Aroma- und Farbstoffen. Die Größe und Farbe der »Eier« kann beliebig gestaltet werden und ähnelt so Rogen vom Lachs bis zum Stör.

In Japan will man sogar ein künstliches Fischei hergestellt haben, dass echtem Kaviar vergleichbar ist und gekocht werden kann. In Israel wurde eine kalorienarme koschere Variante entwickelt, zubereitet aus Fisch, pflanzlichen Ölen und anderen natürlichen Zusatzstoffen (künstliche Farbstoffe finden offensichtlich keine Verwendung).

Forellenkaviar

Das Forellenei ist ein klein und orangefarben, etwa halb so groß wie ein Lachsei und wird normalerweise aus der Lachsforelle gewonnen. Mag der Rogen von anderen Forellensorten auch essbar sein, so erreicht er meist nicht den satten Farbton.

Eine unserer Anglerfreundinnen entnimmt die Eier den selbst gefangenen Forellen, legt sie einige Stunden in Milch ein, spült sie dann wiederholt mit Wasser ab, so dass alle Membranreste entfernt werden. Dann gibt sie etwas Salz und ein wenig Zucker dazu und versucht, überschüssige Flüssigkeit restlos zu entfernen, zunächst durch Abropfen in einem Sieb, anschließend mit Küchenkrepp. Dann füllt sie die Eier in ein Glas, drückt sie mit einem Gewicht zusammen und lässt das Ganze etwa 24 Stunden im Kühlschrank stehen. Serviert wird der Forellenkaviar auf knusprigem Buttertoast.

Hummerrogen

Der Corail (Rogen) des Hummers eignet sich fein geschnitten gut zur Aufbesserung des Aromas oder der Farbe von Saucen.

Man kann die Hummereier auch entnehmen, auf ein Backblech geben und bei mittlerer Hitze und Umluft im Backofen trocknen. So dienen sie als Geschmacksverstärker und Farbtupfer in Fonds und Fischsaucen oder lassen sich wie Mohnkörner über Fischgerichte streuen.

Lachskaviar

Die Eier des Lachses sind groß, von natürlicher orangeroter Farbe und von der Größe einer kleinen Erbse. Sie haben einen stark lachsigen, »eigelbartigen« Geschmack und platzen im Mund. Die Eier sollten gleichmäßig rund sein und sich nicht leicht zerdrücken lassen. Häufig wird der Rogen pasteurisiert – wenn er fachmännisch verarbeitet wurde, beeinträchtigt dies den Geschmack nicht. Ob er pasteurisiert wurde oder nicht, ist aufgrund der Konsistenz der Eier zudem recht schwierig zu beurteilen. Lachsrogen lässt sich gut einfrieren, auch wenn es empfehlenswert ist, ihn im Kühlschrank aufzutauen, um zu vermeiden, dass die Eier aufbrechen.

In Geschäften ist er üblicherweise in Gläsern zu 50, 100 oder 150 Gramm erhältlich; es gibt ihn für die Gastronomie auch in Plastikbehältern zu 1,5 bis 5 Kilogramm. Im Allgemeinen beträgt der Salzgehalt 3 bis 4,5 Prozent; er sollte zudem nicht länger als drei bis vier Monate im Regal stehen, auch wenn sich pasteurisierter Lachskaviar länger hält.

Die meisten Lachse werden in Alaska, in kanadischen und russischen Gewässern gefangen. Japan und Russland sind bei weitem die größten Produzenten und Verbraucher von Lachskaviar (mehrere 1.000 Tonnen). Verschiedene Lachsarten eignen sich für die Herstellung von Kaviar, wobei in Europa am häufigsten der Ketalachs (*Oncorhynchus keta*), in den Vereinigten Staaten zudem der Rogen von Buckellachsen und Blaurückenlachsen verwendet wird.

Lachskaviar ist in Europa sehr beliebt: als Garnitur für Canapés, als Alternative zu echtem Kaviar mit Blinis und Sauerrahm ect.. Auch als Sushi- oder Sashimi-Zutat wird er oft verwendet.

Løgrum

Ein von der kleinen Maräne (schwedisch Löja), einem Flachfisch der überwiegend in skandinavischen Gewässern gefangen wird, gewonnener Kaviar. Die Eier sind normalerweise leicht cremefarben und etwas kleiner als jene des Seehasen. Der Löjrom hat einen zarten Geschmack, der ihn als Kaviarprodukt in Schweden sehr beliebt macht. Auch in Kanada gibt es dafür einen großen Markt. Sogar als Paste für Kinder in der Tube kann man ihn kaufen.

Mehräscheeier

Überlieferungen zufolge die ältesten, noch vor dem Störrogen, verarbeiteten Fischeier. Auch heute werden sie weithin unter dem Namen »Botarga« verkauft (*botargue* oder *potargue* in Frankreich, die Schreibweise hängt von der jeweiligen Region ab). Die Eier werden gesalzen, gepresst und getrocknet und anschließend in durchsichtigen Wachspackungen verwahrt. Mehräschekaviar von höchster Qualität hat eine golden-orange Farbe und weist keinerlei Verunreinigungen oder Verfärbungen auf, wenn man ihn gegen das Licht hält. Er ist eine kompakte, gepresste Masse und wird in dünne Scheiben geschnitten als Vorspeise oder in Olivenöl getaucht auf Brot verspeist. Sein Geschmack ist deutlich fischig, und er gilt daher in vielen Ländern als ausgesprochene Delikatesse.

Mujjol shikran *Eurocaviar*

In Spanien entwickelte und hergestellte Mischung aus 40 Prozent grauen Mehräscheeiern zusammen mit Herings- und Dorschrogen, die zu einem kaviarähnlichen schwarzbraunen Produkt verarbeitet werden. Dank des Herstellungsverfahrens verträgt er Temperaturen bis zu 100 °C unbeschadet und eignet sich daher für viele Rezepte, die ein Mitkochen des Kaviars erfordern. Mujjol shikran hat sein eigenes Marktsegment und auch einen ganz unnachahmlichen Geschmack. Derzeit werden bis zu 100 Tonnen jährlich produziert. Er wird in Gläser abgefüllt, lässt sich leicht einfrieren und kostet nur einen Bruchteil von echtem Kaviar.

Scheibenbauchrogen *(zur Familie der Scheibenbäuche gehört auch der Seehase, Hauptlieferant für den sogenannten Deutschen Kaviar)*
Der Name leitet sich von den verwachsenen Bauchflossen ab, die eine Saugscheibe bilden, mit der sich die Tiere an Steinen anheften. Der überwiegend in skandinavischen Gewässern heimische Fisch ist hässlich und plump (sein englischer Name »lumpfish« trifft die Sache ziemlich genau). Er wird zwischen 35 und 60 Zentimeter lang und wiegt etwa 2 bis 7 Kilogramm. 15 bis 30 Prozent seines Körpergewichts bestehen aus Rogen. Die Eier sind sehr feinkörnig und können alle Farben des Regenbogens annehmen. Sie werden je nachdem entweder dunkelgrau bis tiefschwarz oder rot gefärbt, um Sewruga oder Lachsrogen zu imitieren.
Scheibenbauchkaviar wird häufig als Kaviarersatz zum Garnieren von Suppen oder Canapés verwendet. Die Eier haben einen zart fischigen, salzigen Geschmack und sind knackig. Sie können mit Hilfe verschiedener Aromastoffe in unterschiedlichen Geschmacksrichtungen hergestellt werden. Ähnliche »Kaviar«-Eier werden auch vom Seehasen, der Seeeule und anderen Unterarten gewonnen.

Seeigelkaviar
Mit die teuersten Fischeier stammen vom Steinseeigel, einer Art schwarzem, stacheligem Seeigel, der bei Kennern als Delikatesse gilt. In einigen Bereichen des Mittelmeeres zählt er zu den geschützten Arten. Saison ist während der Wintermonate, wenn die Seeigel in tiefen, felsigen Gewässern aufgesammelt werden. Beim Aufschneiden wird eine hell orange Masse winziger Eier entlang der Innenseite der Schale etwa in Form von fünf langen Zungen sichtbar.
Seeigeleier schmecken stark nach Jod und haben eine weiche, leicht körnige Struktur. Sie eignen sich zum Verzehr in rohem Zustand, peppen aber auch so manches Rührei oder Omelett auf oder lassen sich als Soufflé in der eigenen Schale zubereiten.

Thunfischkaviar
Auf der ganzen Welt gibt es zahlreiche Thunfischarten. In Europa wird er zumeist an den Westküsten Sardiniens und Siziliens und im mittleren Mittelmeer gefangen. In den 30er Jahren galt es als schick, in Scarborough, einem bekannten Seebadeort an der Nordostküste Englands, »tunny fish« zu angeln. Die Thunfische laichen zwischen April und Juni, wenn die Wassertemperatur ansteigt. Da die Fische immer die gleiche Route zu ihren Laichplätzen einschlagen, wissen die Fischer, wo sie ihre Netze auswerfen müssen. Sobald die Fische an Land sind, werden sie aufgeschnitten und weiterverarbeitet, entweder in Dosen oder als Frischfisch verkauft. Der Rogen wird traditionellerweise unter den Fischern aufgeteilt, mit nach Hause genommen und gesalzen, mehrere Tage gepresst und anschließend an einem gut belüfteten Ort für zwei bis drei Monate zum Trocknen aufgehängt.
Heute wird Thunfischkaviar vakuumverpackt, um Geschmack und Aroma zu erhalten. Einige Stunden vor dem Servieren sollte man ihn aus der Verpackung nehmen. Wie die meisten Fischeier, so ist auch der Thunfischrogen reich an Mineralien und Proteinen und gilt als eine seltene, hoch geschätzte Delikatesse, die bei Gourmets weltweit sehr begehrt ist. In Italien reibt man Thunfischeier als Krönung auch über Pasta.

Rezepteregister

Austern mit Kaviar in
   Champagner 86
Avocado- und Kaviardip 87
Avocadocremesuppe mit Lachs und
   Kaviar 90

Blätterteigfische mit
   Kaviarfüllung 84
Blinis aus Buchweizenmehl und
   Weizenmehl 101
Blinis, einfache – Grundrezept 100
Bohnensalat mit Räucherlachs und
   Kaviar 98
Brandteigpastetchen mit
   Kaviarfüllung 82
Brunnenkresse à la Cappuccino
   mit Kaviar 95

Crêpetartelets mit Krabben und
   Kaviar 88

Dip des Armen Mannes 87
Dip → Avocado- und Kaviardip
     → Sewruga-Dip

Eier, weichgekochte,
   mit Kaviar 112

Fleischsauce, braune 149
Flusskrebsmousse mit Kaviar und
   Schnittlauchdressing 130
Frühkartoffeln mit Schellfisch-
   Kaviar-Füllung 73

Holländische Sauce 148
Hühnereier mit Kaviar 81
Hühnereier, pochierte,
   mit Kaviar auf Kartoffelpüree
   und Sauce hollandaise 114
Hummercocktail mit
   Kaviar 144
Hummersalat mit Kaviar 134

Jakobsmuscheln in der Schale mit
   Kaviar und Spargelsauce 133
Jakobsmuscheln, Masas,
   mit Kaviar 142
Jakobsmuscheln, überbackene,
   mit Kaviar 96

Kalbfleischfüllung 149
Kartoffelbällchen, frittierte,
   mit Kaviarfüllung 121
Kartoffeln, Jersey Royal,
   mit Kaviar 73
Kartoffelpfannkuchen mit Kaviar
   und Beurre-Blanc-
   Weißweinsauce 117
Kartoffelröstis mit Räucherlachs,
   Wachteleiern und Kaviar 118
Kartoffelsalat mit Kaviar 116
Kartoffelschalen, geröstete, mit
   Sauerrahm und Kaviar 74
Kaviar mit Pommes 86
Kaviar mit traditionellen
   Beilagen 102
Kaviar und Garnelenkörbchen 107
Kaviaromelett, locker-flockiges 110
Krebsschwanzmedaillons mit
   Kaviar auf Croûtons 70

Lachs im Spinatmantel mit
   Kaviarfüllung in Blätterteig 136
Lachsfilet mit Kaviar und
   Spinatcremesauce 134
Lachstarte mit Kaviar 108
Lauchcremesuppe, gratinierte,
   mit Kaviar 95

Mini Baked Potatoes mit
   Kaviar 77
Mini-Pizzen mit Kaviar 78
Miniburger mit Kaviar 83
Minikrabbensnacks mit
   Kaviarsauce 144

Nigri-Sushi, daumendicke (handgeformte Reis-Sushi) 128
Nori-Maki Sushiröllchen 127

Ofenkartoffel mit Kaviar 116

Pastete mit Räucherlachs, Lachsmousse, Fíllo und Kaviar 104
Pasteten mit Kabeljau und Kaviar 106

Räucherlachssäckchen mit Kaviar gefüllt 84
Räucherlachstatar mit Kaviar 97
Räucherlachstrilogie mit Kaviar 138
Reis-Sushi, in Förmchen gepresste 128
Rührei mit Hummer und Kaviar 111
Rührei mit Trüffeln und Kaviar auf Brioche 112
Rührei-Kaviar-Quiche, cremige 106

Sauce hollandaise → Holländische Sauce
Schachbrett aus Kaviar und Räucherlachs 70
Schellfischsoufflé mit Beurre-Blanc-Weißweinsauce 137

Seezungenfilets, gerollte, mit Garnelen und Kaviar 141
Sewruga-Dip 87
Spaghettini mit Kaviar und Champagnersauce 122
Stör, gebackener 148
Stör, gegrillter 148
Stör, marinierter geräucherter 145
Störpastete 145
Störsteaks mit Nudeln und Kaviarsauce 146
Sushireis, Grundrezept 127

Tempura mit Aubergine, Zucchini und Kaviar 92
Tortellini, hausgemachte, mit Garnelen- und Jakobsmuschelfüllung und Kaviar 124
Tortillahörnchen mit Räucherlachs und Kaviarsalsa 102

Wachteleier in einem Nest aus frittiertem Gemüse mit Kaviar 115
Wachteleier mit Kaviar 81
Wachteleier, gespiegelte, auf Toast mit Kaviar 74

Ziegenkäse, frittierter, mit Lachskaviar und Salat 98

Sachregister

Almas 46, 152
Anrichten 68
Aphrodisiakum 151
Atlantischer Stör 40

Beluga 10, 13, 20, 23, 30, 33 f., 45, 48, 55, 152
Beluga-Kaviar 70, 83, 86, 92, 110, 111, 112, 115, 116
Bester 33

Champagner 69

Fischleim 11
Forellenkaviar 138, 155
Französischer Kaviar 33 ff.

Goldener Kaviar 46, 152

Handel 15
Herstellung 56

Iranischer Kaviar 26

Kaluga 152
Kaspisches Meer 20 ff., 31 f., 36, 48, 56
Kaviarcocktail 69
Kaviarherstellung 35, 56
Kaviarmeister 56 f.
Kaviarproduktion 36, 40, 42
Kaviarverarbeitung 26, 60
Kosaken 13

Lachs 21, 32
Lachskaviar 98, 126 f., 138, 156

Malossol 152

Nordamerikanischer Kaviar 40 ff.

Ossiotr 20, 23, 34, 36, 40, 46, 52, 86, 110, 152
Ossiotr-Kaviar 74, 77 f., 84, 88, 92, 104, 107, 110, 112, 117 f., 124, 134, 138

Presskaviar 136, 150, 153

Roter Stör 40, 43
Römisches Imperium 11
Russischer Kaviar 26

Sewruga 20, 23, 31, 34, 36, 40, 50, 57, 110, 154
Sewruga-Kaviar 70, 73, 81 f., 86-88, 90, 95-98, 102, 106, 108, 110, 114, 116 ff., 121 f., 127, 133, 134, 136, 138, 142, 144, 146
Sibirischer Stör 32, 34, 36, 154
Sterlet 33 f., 154
Störfang 10, 18, 26
Störfarmen 29, 32, 43
Störproduktion 36

Tataren 12
Thunfisch-Kaviar 157

Weißer Stör 32, 40, 43
Weißwein 69
Wodka 21, 68 f.